唱えるという生活

お題目が導いてくれる
ほんとうの幸せ

瀬野妙佳
Seno Myouka

佼成出版社

序文

立正大学特別栄誉教授　渡邊寶陽

瀬野妙佳師が『まんだら』誌に連載した文章は、多くの人々の共感を呼んだ。このたび、連載が一書にまとめられたことを喜びたい。

本書の第一章「歩んできた人生の道のり――法華経を生きて」を一読して、妙佳師とその夫君、泰光師の経歴をはじめて知り、驚きを覚えずにはいられなかった。

書中にあるように、泰光師の尊父、中村清一氏は成蹊大学の教授として近代経済学を講じた学者であり、中村家は代々醤油醸造を生業としてきた名家であった。中村家の一人息子であった泰光師は、早稲田大学で電気工学を専攻し、卒業後、物理や数学を担当する高校教諭となった。

その泰光師は十代後半、小さな法華道場（布教所）で信徒教化をしていた妙佳夫人の母堂に帰依し、二十歳で瀬野家に婿養子として入ることを決意する。これは泰光師の経歴からすると考えられないことである。泰光師の師匠への帰依の心と信心の深さがどれほどのものであったのか。そのことを思わずにはいられない。

一人息子が中村家を継がぬことを許した清一氏も見事である。清一氏は、近代仏教界の巨匠、本多日生上人の教導を受け、立正大学図書館に三千冊の仏教書を寄贈した人であった。息子の決意を認めたのは、氏に仏教への篤い信があったからでもあろう。

泰光師は後に、安定した教職をなげうって日蓮宗の僧侶となる。泰光師の僧侶としての活躍は世に広く知られているが、それは妙佳師の誠実な信徒教化に支えられたものであったということが本書を通じてよく分かった。

横浜市街には、伝統仏教寺院とともに教会や結社と呼ばれる日蓮宗の布教拠点が多くある。これらは明治維新後、開港によって発展していく横浜に移り住んだ人々の信仰の場であった。妙佳師の母堂は、苦しい人生を歩んでいた庶民に生きる指針と希望を与えた宗教者の一人であったのだ。

仏教界は、近代になっても江戸幕府によって公認された仏教寺院が有力で、庶民の指導者は、昭和二十七年の「宗教法人法」によって、やっと公認される。妙佳師の母堂の宗教活動は、そのころになってやっと認められるようになったのだと思う。

妙佳師は、夫である泰光師と二人三脚の歩みを続け、庶民たちに「生きる」勇気を与え続けてきた。本書はその記録とも言えようか。妙佳師は、旧来の伝統を継承する仏教の僧侶たちとも交わりつつ、庶民に寄り添い、そのなかで『法華経』の信仰に生きる道を提示し続けたのである。『まんだら』誌への妙佳師の寄稿が大きな反響を呼んだのは、これらのような背景があったからであることを痛感する。

よき縁により、さらに妙佳師が活躍されることを期待して筆を擱《お》く。


令和二年二月十六日（日蓮聖人御降誕八百年を翌年に控えて）

はしがき

私は三十八歳の時に出家しました。それは「教職を辞して僧侶となり、体が弱いながらも仏さまの教えを伝えることに懸命な夫を補佐したい」との思いからでした。その結果、おのずと夫婦の役割が分担されたのです。夫の活動は対外的な布教活動が中心となり、それに伴い、人生相談など個々の信徒さんと向き合う仕事は私が中心となりました。

その向き合い方は、いつしか大きく変わっていました。夫が十八年間にわたって開いてきた僧侶対象の勉強会に同席したことで、物事に対する見方や考え方が法華経と日蓮聖人の教えに沿うようになったからです。それにより、法華経と日蓮聖人の教えに基づいて信徒さんの悩みを解決するようになりました。

このような信徒指導の経験をとおし、事に触れてお題目の素晴らしい力を実感するようになりました。それだけではありません。常にお釈迦さまが見守ってくださっているという確信を得るようにもなったのです。その結果、

「この尊い教えを自分だけにとどめてはもったいない。一人でも多くの皆さまにお題目の持つ力を知ってほしい。たとえ微力でも、仏さまの教えをもとに法華経・お題目を周囲に伝えたい。それによって真の幸せを味わってもらいたい」

との思いに駆られました。そんな折、これまで味わってきた種々の宗教体験を書くよう夫から促されたのです。それが本書刊行の要因となりました。

第一章では自己紹介を兼ねて、これまで私が生きてきた半生を簡単に述べさせていただきました。

第二章から第五章までの文は、平成十二（二〇〇〇）年一月号から平成二十一（二〇〇九）年秋号までの十年間、「みんな仏の子」というタイトルで『まんだら』誌に連載された拙文に筆を加えたものです。主として私と信徒さんの信仰体験の実際と、それに対する

私の思いを述べさせていただきました。本書では掲載された順序でなく、内容によって四つの章に分けました。

『まんだら』誌は「二一会」という組織が発行している季刊誌で、正月・春彼岸・お盆・秋彼岸の年四回、大本山池上本門寺をはじめ多くの寺院で参詣者に配布している布教誌です。

第六章では、それまでに記してきた事柄が私見ではなく、法華経と日蓮聖人の教えに準じていることを、法華経と日蓮聖人の文を典拠として述べさせていただきました。

お釈迦さまが注がれている御慈悲の対象には例外がありません。すべての存在に向けられています。いま本書を手にしている皆さまが、お題目の信心によってお釈迦さまの御慈悲を頂き、人生を輝かせることを願ってやみません。

令和二（二〇二〇）年四月二十八日

唱えるという生活……目次

第二章　仏の道を行く　79

第四章　お題目の力

第五章　あらゆるものに宿る仏のいのち　193

カバー装画──iStock. com / LisaAlisa_ill
本文イラスト──iStock. com / Nebula Cordata
装丁──髙林昭太

本書には「お釈迦さま」という言葉がたびたび出てきます。それはインドで八十年間の生涯を閉じられたお釈迦さまのことではありません。時間的にも空間的にも無限の生命を成就され、目に見えなくても今なお実在しておられる仏さまのこと、つまり『法華経』第十六章「如来寿量品《にょらいじゅりょうほん》」に示されている〝本仏〟のことです。

唱えるという生活

お題目が導いてくれる
ほんとうの幸せ

瀬野妙佳

第一章　歩んできた人生の道のり

——法華経を生きて

読者の中には著者がどのような人物なのか、関心をお持ちの方もおられましょう。まず私が歩んできた道のりを記させていただきます。

これまでを振り返ると、法華経・お題目が持つ素晴らしい力を味わう出来事の連続だったことに気づきます。これらの体験によって、法華経と日蓮聖人の教えが真実であることを身をもって実感してきました。そうした体験をお伝えすることで、多少とも皆さまのお役に立てれば幸いです。

✤ 両親のこと

私は六人兄弟の末子として横浜の貧しい家に生まれました。生まれた日は近隣の多くが戦火に焼かれた横浜大空襲の十一日後、終戦の二か月前でした。

母は死を覚悟して防空壕へ行かず、自宅に留まって私を産んでくれたそうです。その時の母の心境は察するに余りあります。これまでの半生を振り返ると、この世に生まれてきて良かったとつくづく思うのです。

貧困な家に育った母は十九歳で結婚しました。長男（私の長兄）が十五歳の時に友人宅で一酸化炭素による中毒死をしたことで、信心に励むようになったとのことです。私が生まれる前の事でした。その後、幾人かの霊能者といわれる人に指導を請い、自身にも霊感があることを自覚するようになります。やがて霊能者としての母を慕って救いを求める人が集まり始め、母は法華道場を開きました。

父は農家の次男として生まれました。尋常小学校を出たあと農事の手伝いをし、やがて鉄道省（今のＪＲ）に入り、荷造りの仕事をしていました。教養には乏しい人でしたが、体を動かして働くこと一筋に生きた真面目な人です。仏さまの教えには明るくないものの、毎年、母の信徒さんたちと共に身延山に詣でたり、七面山に裸足《はだし》参りをするなど、熱心な信仰者でした。

両親は私に尊い宝物を添えて産んでくれていたことに気づきます。それは「仏さまの教えを素直に受け入れることができる」「仏さまの実在を信じて疑わない」という心です。

授かっていた宝はもう一つありました。私が小学生だった時、いじめられている子を見ると、周囲が護身のために傍観していても一人でいじめる側に立ち向かうなど、「周囲の苦しみや悲しみを他人事《ひとごと》にできない」という心も添えて産んでくれていたことに気づくのです。

これらの性格が、のちに信徒教化をするうえで力となりました。

そもそも私に尊いお題目との縁を結んでくれたのも、信心の篤かった両親のおかげです。両親に感謝しています。

✤ つらかった少女時代

自分の少女期を思い起こすと、つらかったことが彷彿《ほうふつ》としてよみがえります。

例えば、登校前も帰宅後も家の中に自分の居場所がなかったことです。部屋が一つとも言える狭い家の中に、朝から晩まで常に母の信徒さんが居たからです。我が家の中に絶えず他人の目があったことは極めて窮屈なことでした。

このような環境の中、私は母からの差別と次兄や長姉からのいじめを受けてきました。母は美形の姉たちを特にかわいがっていました。その一方、私に対しては常に「大きなお尻ね。あんたの体は膨らんでみっともない」などと言うのです。そのとおりとは思っていたものの、傷つきやすい思春期の私にとって極めてつらい言葉でした。常に沈みがちで暗い私だったので、なおさら母の望むような子供ではなかったのでしょう。

貧しい中で家計のやりくりに苦労している母を見て、私は授業料や給食費の袋を渡せないこともたびたびでした。そんな状況の中、兄や姉たちは自由気ままに生きていたのです。でも母はそれを許していました。母は兄や姉をかわいがり、私のことを様々な場所で「ダメ娘」と吹聴していました。

差別は小学校の担任教師からも受けました。その当時、私は朝四時三十分に起きて六人家族の食事を作るなど、家事を一身に引き受けていたので勉強どころでなく、授業中は居眠りばかりで成績が悪かったことも一因だったのでしょう。当時の我が家には水道もガスもなく、つるべで井戸水をくみ上げ、薪を割って屋外のカマドで炊事をしていたのです。

また、〝拝み屋さん〟と呼ばれる宗教活動をしている自分の家は、周囲から奇異の目で見られているのではないかという意識があり、そのことでも周囲に対する劣等感を抱いていました。

つらかったことを挙げれば切りがありません。苦しい日々の連続で、心は常に沈んで内向きでした。当時の写真を見ると、どれも泣き顔で目蓋《まぶた》が腫れています。その頃の私は「自分は役立たずの〝ダメ人間〟」と思い込んで〝自分〟というものを見失い、周囲との付き合いが全くできない人間でした。

ですが差別を受け続けてきたことで、周囲に対して分け隔てをしない心が育まれました。そのことが後の信徒教化に大きく役立ちました。受けた差別も仏さまの手立てだったのかもしれません。

私が中学生だった時、母から「あんたには、この道場（布教所）を継ぐことなど無理ね」と言われたことがありました。私は即座に「お母さんのようなことはできないけれど、道場は私が守る」と答えてしまったのです。まだ少女だった私は〝宗教の道場を継ぐ〟ということの重大さを認識していなかったのです。

現在、その言葉どおりになっているのが不思議です。

✤母との死別

母は信徒たちの苦難を一身に背負っていました。一人一人のことを真剣に祈願しつつ、朝な夕なに読経と唱題《しょうだい》（「南無妙法蓮華経」のお題目を唱えること）に励んでいました。そんな母の姿を目にしていた私です。子供ごころに「母は大変な仕事をしているのだな」「かなり神経をすり減らしているのだろうな」などと思っていました。

そんな母は夕勤《ゆうごん》（夕方のお勤め）を終えると間もなく入浴と夕食を済ませ、そのあと疲れ果てた様子で寝室を兼ねた自室へ向かうのです。家族との対話はほとんどありませんでした。

ある年、母は心臓病を患いました。心身を酷使し続けた結果であることは疑いありません。病の原因が自分に取り付いている悪霊《あくりよう》や生霊《いきりよう》にあると信じていた母です。ドクターストップを無視し、庭に設けた水行場で日々水行を続けていました。身を清めることで取り付く悪霊を払い除こうとしたのです。

その行為を続けるうちに病状はさらに悪化し、六十九歳で他界しました。

母の没後、私は母から受けた仕打ちが脳裏によみがえることが度々あり、そんな自分が嫌でした。そんな時期でのこと、仏さまに向かってお題目を唱えていた時、

「私の過去世は自分勝手で、周囲を苦しめたり悲しませたことが多かったに違いない。母や兄や姉たちが私につらく当たってきたのは、私の過去世の罪を表に引き出すことで、

その罪障を消滅させるための仏さまの手立てだったのだ。母や兄姉たちは、私の罪を軽減するための〝憎まれ役〟を引き受けてくれていたのだ」

と気づいたのです。これは私にとって大きな気づきでした。それまで気づかなかったことが母や兄や姉たちに申し訳なく、懺悔《さんげ》の気持ちで涙が止まりませんでした。

その時です。母が仏さまのもと、霊山浄土《りようぜん》へスーッと赴いたように感じたのです。その時のありがたさは例えようがなく、すがすがしい感動でした。それは母が没して三十年ほど後《あと》のことでした。

日蓮聖人は、

「法華経という明鏡（事実をありのままに映す鏡）に向かうと、自己の過去世が如実に映しだされる」（『呵責謗法滅罪鈔《かしやくほうぼうめつざいしよう》』）

と述べておられます。この教えを事実として実感させていただいた出来事でした。

この気づき以来、当時のつらかった事柄を思い起こすことがなくなりました。たとえ思い出しても感謝の気持ちと一緒です。

✣ 布教所を閉じる決意

母が晩年になって体調を崩すたびに、自分の霊感を誇示し、信徒さんたちを支配しようとする老女Bさんが台頭してきました。母が没すると間もなく、Bさんは身勝手で自分に都合の良いことばかりを信徒さんに語り始めたのです。母の死により頼る対象を失ったことで、信徒さんたちはBさんを師と仰ぐようになってしまいました。

こうした状況の中、三つの懸念が募りました。それは、

- この状態が続けば信徒さんたちが誤った道を歩み続け、それぞれの人生がメチャメチャになってしまう
- この状態を放置すれば、Bさんに取り返しのつかない罪を犯させてしまう
- このままの状態が続けば布教所が分解してしまう

という気がかりでした。

でもどうしたら良いか分かりません。母は存命中、私のことを信徒さんたちに「ダメ娘」と吹聴していたので、私の訴えを聞いてくれる人は誰もいません。このとき私は三十三歳、ほとんどの信徒さんは私より年長だったので、なおさらです。当時、教員だった夫は仕事上の苦労が多いうえに極めて多忙で、相談することもできません。五十三キロあった私の体重は心痛で三十八キロにまで減ってしまいました。

この苦しみが頂点に達したとき、大曼荼羅《だいまんだら》の御前《みまえ》に安置されているお釈迦さまと日蓮聖人の御尊像《ごそんぞう》に向かって訴えました。

「私はこれまで納得できないことがあっても〝自分〟というものを出さず、ひたすら母に身を捧げてきました。それなのになぜ、このような苦しみを受けなければならないのですか。合点がいきません。一体どうしたら良いのか教えてください！」

と、号泣と共に胸の内を大きな声でぶつけたのです。その時のお題目は、それまで経験したことのない必死なものでした。

そのお題目の最中でした。のしかかっていた重圧が瞬時に除かれ、胸の霧がスッと晴れたかのように、身も心も軽くなったのです。表現しようのない不思議な感覚でした。

その数日後、何かに突き動かされるようにBさん宅を訪れました。Bさんに対し、毅《き》然《ぜん》とした態度で「道場を閉じることにしました。信徒さんたちには私たち夫婦から解散通知を出します。長い間お世話になりました」と告げたのです。Bさんは「穴蔵に突き落とされたようだ」と言っていました。

それまでもお題目が持つ不思議な力をたびたび味わってきましたが、その時の体験は格別でした。

この体験から二つのことを学びました。それは、

・これまでの私は自分の思いを出せずにきたけれど、これからは、仏さまの教えにかなう事柄であれば相手に遠慮せずハッキリ言うべきだ。もっと自分に自信を持つことだ

・自分が正しい道を歩んでいれば必ず道の開ける時が来る。だから誹謗や中傷があっても悲嘆することはない

ということでした。
いま思えば、Bさんは私に右の学びを与えてくれた仏さまの使者です。Bさんの没後、私たち夫婦はたびたびBさんの墓参りをしました。Bさんは今、見えない世界で生前の行為を振り返り、仏道修行に励んでいるものと信じます。

こうして布教所を閉じたことで、初めて私は普通の主婦としての生活に入りました。私たち家族が一般家庭と同様の生活を味わったのは、このあと夫が退職して再び布教所を設立するまでの二年間のみです。この間の夏休みに家族で一泊旅行を楽しみました。私たちがレジャー目的の旅をしたのは後にも先にもこの時期のみです。

✣ 結婚に至るまでの経緯

話が前後しますが、母が存命中、夫と出会った当時の話をします。

夫が母の熱心な信徒になったのは私が中学生の時でした。母と夫との出会いは、当時高校生だった夫が母に合格祈願を依頼したことに始まります。大学を受験するにあたり、「霊能力に優れた人に祈願してもらうとよい」と夫の叔母から勧められたのでした。希望の大学に進学できたことで、夫は大学の帰りに母が法華道場を営む我が家に毎日欠かさず通い、読経とお題目に励むようになりました。

夫は大学で電気工学を学び、その大学を卒業すると、僧侶になる気持ちはありませんでしたが、仏教への関心から他大学の仏教学部に編入したのです。仏教学部在学中に身延山での修行を終え、卒業と同時に僧侶の資格だけは取得しました。卒業後は物理を担当する高校教諭になりました。

やがて夫は養子として我が家に入り、それがもとで私と結婚することになったのです。その当時の夫は母が発する言葉を絶対視していました。養子に入ったことも、私との結婚も、母の意思によるものでした。

当時の私は夫との結婚を受け入れることができませんでした。家柄の相違が主な原因です。夫の父は経済学専攻の大学教授、親族には高学歴の人が多く、知識人ぞろいです。それに対し、私の家は極めて貧しく、夫の家柄と正反対です。

当然ながら、夫の親族は私たちの結婚を快く思っていませんでした。義父も少なからず悩んでいたようです。我が家が寺院でなく、いわゆる〝町の拝み屋さん〟だったことも、その理由の一つだったことでしょう。しかし法華経を深く信仰していた義父のこと、「法華経のためなら乞食になることも覚悟です」という夫の一言で、私たちの結婚を即座に認めたとのことです。

育ちの差などで、結婚後つらい思いをした時期がありましたが、今の私があるのは夫と一緒になれたおかげです。それぞれの持ち味を生かし、二人で協力しながら布教活動に励んできたからです。結婚に導いてくれた母と義父と夫の叔母に感謝しています。

✤ 夫の出家

夫が僧侶になるキッカケは通勤途中の交通事故でした。ある日の朝、夫を送り出す時「果たして今日一日の仕事を無事に務められるかしら」という不安がよぎったのです。夫が原付バイクで出掛けるとすぐ、御本尊に向かって「今日の仕事が無事に務まりますように」と必死にお題目を唱えました。

それから数十分後、病院から電話が入りました。「ご主人が車に撥《は》ねられました」との第一声。そのとき私は不思議にも心の動揺がなく、落ち着いて話を聞けたのです。いま振り返ると、その時の冷静さに我ながら驚きます。

全治四か月とのこと、それなりの重傷でした。でも「これはお釈迦さまが根《こん》を詰め続けている夫に対して休養を与えてくださったのだ」と判断した私は、お釈迦さまに向かって「夫をお守りくださり、ありがとうございました」と、お礼のお題目を唱えました。

その当時の私は毎月一回、法華経信仰の山である山梨県の七面山に登る修行を続けていました。母の信徒さんなど世話になってきた人への恩返しとして、その人たちの心身の健康を願うことが目的でした。日々欠かさず病院に通っていた時期でしたが、その修行はやめませんでした。

夫が入院中における最初の登山の時です。中腹に差し掛かると急に右足が動かなくなりました。歩こうとしても体重を支える力がなく、体がクニャッと傾いてしまうのです。登ることも引き返すこともできません。ところが足をさすりながらお題目を唱えていると、次第に血が通い始めてシッカリと動かせるようになりました。

山頂のお堂に到着した時、「あの出来事は〝夫は完治する〟というお釈迦さまからの〝お知らせ〟だった」と確信しました。

入院中、夫は「『法華経』と日蓮聖人御遺文《ごいぶん》集を持ってきてほしい」と私に言いました。教員になってからは職場の仕事に追われ、『法華経』と日蓮聖人の文に触れることが皆無だったのです。入院したことで、それらの文に触れる機会が与えられました。その結果「法華経・お釈迦さま・日蓮聖人のお役に立ちたい」との思いが高揚し、出家の決断をしたそうです。

私はその決意を耳にした瞬間、不思議な嬉しさが込み上げ、思わず「ありがとう！」と言ってしまいました。夫は「出家すれば収入が途絶えてしまう。中学生と小学生の子供を抱え、これからの生活が大変になるよ。それでも本当にいいの？」と私に念を押しました。

身体が弱い上に心労の絶えない夫のこと、「いつ命が尽きても不思議はない」という不安を抱き続けてきた私です。この決意を聞いた瞬間、「これで命が救われる」と確信したのです。と同時に、「夫が仏さまにお仕えする身になれば、私たち二人の先祖がどんなに喜ぶことか」との思いが湧いたことも覚えています。なぜか、その後の生活に対する不安はまったくありませんでした。

私は夫に言いました。「真面目にやっていけば大丈夫。お釈迦さまと日蓮聖人が絶対に守ってくださる。私は貧乏に慣れています。いざとなったら中古品でもいいからリヤカーを買ってください。それを引いて屋台のラーメン屋を始めます」と。

教員の場合、三月の年度末に退職するのが通常です。ところが夫には「一月の寒《かん》の入りから始める寒修行をもって僧侶としてのスタートにしたい」との思いがありました。年度途中での退職という無理なお願いでしたが、校長は夫の意思の強さをたびたび確認したうえで、退職願を受理してくださいました。

✤無縁供養と不思議な体験

夫が僧侶となって最初に始めたことは、右に述べたように寒修行でした。寒の入りから節分までの二十九日間、夜が明けるまで、深夜の池上本門寺境内で読経とお題目に励む修行でした。その修行中、私も自宅で自分なりの修行をさせていただきました。寒修行を終えて私たち夫婦が次に始めた修行は、法華経とお題目を世に広めてくれた先人ゆかりの地を巡る報恩の修行でした。さらに幾つかの修行をし、そのあと実施したのが無縁供養の修行だったのです。

私たちが実践した無縁供養とは、戦災・震災・風水害・流行病・処刑などで命を失った人々が合葬されている場所や、無縁仏《むえんぼとけ》（弔ってくれる縁者がいない死者の霊魂）が合葬されている場所などに出向き、お経とお題目を手向ける修行でした。

まだ信徒の居ない時期のこと、連日のように出向くことができました。自家用車がないので電車やバスでの移動です。巡った地域は東京と神奈川が中心でしたが、原爆投下の広島や長崎、さらに沖縄などの遠方に赴いたこともありました。

この修行を始めると不思議なことが起こりました。気の毒な霊魂が葬られている合葬墓や慰霊碑などの情報が次々と入ったのです。日々出向いても巡り切れない状況になりました。たまたま書店で目にした本や、新聞の紙面に、そのような場所が記されていたり、テレビをつけるとそういう場所の映像だったり……。まるで「ここにも来て」と私たちを呼んでいるようでした。

その一例を挙げれば、私が夫に「原爆の被災者にお題目を手向けるために一度は広島と長崎へ行きたいわね」と言いながらテレビのスイッチを入れたところ、出てきた映像が呉市の海軍墓地だったのです。このことは「広島に来たら当方にも立ち寄ってほしい」という海軍戦没者からの要望と信じ、広島市での慰霊を済ませたあと呉市へも出向きました。

無縁供養の修行に区切りをつけたところ、不思議にもそのような場所に関する情報がピタリと入らなくなったのです。出向いた場所を調べたところ約三百か所もあったのには驚きました。近隣にある無縁墓や慰霊碑の中には出向いた回数が百回以上に及んだ所もありました。ともかく〝気の毒な霊魂にお題目の功徳を手向けたい〟との一心でした。

あるとき夫と話し合い、無縁供養に区切りをつけて信徒教化に入ることにしました。すると一人二人と来訪者が現れ始め、信徒になってくれました。それらの人が訪れた時に「どちらにお住まいですか」と尋ねると、その居住地は不思議にも私たちが無縁供養をした場所の近所だったのです。偶然とは思えません。「お宅の近くで私たちが読経をしていたのをご存じでしたか」と聞くと「まったく知りません」との返事でした。

私たち夫婦が回向《えこう》（読経などの功徳を手向けること）をさせていただいた場所の御霊《みたま》が信徒のない私たちを思いやり、恩返しのために人々を差し向けてくれたとしか思えません。突き詰めればお釈迦さまによるお引き合わせ、つまり仏縁です。お釈迦さまをはじめ、その時に回向させていただいた無縁仏に感謝しました。私たちが無縁供養の尊さを身をもって知った時でした。

✤ 出家の決意

信徒教化を始めるにあたり、夫には大きな悩みがありました。それは自分に神通力《じんずうりき》がないということです。信徒が抱える悩みを解決するためには、神通力が備わっていなければならないと考えていたのです。

そこで私たち夫婦は優れた神通力をもって信徒教化に励んでいると聞くD上人の布教

所を訪ね、指導を仰ぎました。初対面の時にD上人が語った「法華経は広く大きな教えなのですよ」という一言が私の人生観を一変させてくれました。その言葉を耳にした瞬間、それまで抱き続けてきた疑念がパッと消えたのです。厚い雲が俄《にわか》に去って晴れ渡ったかのように、長く閉ざされていた私の心が開けた瞬間でした。

私の抱いていた疑念というのは母の教えでした。母から「周囲の人と接すると、その人に備わる悪業が我が身に及ぶ。だから周囲との付き合いは極力避けなければならない」と常々言われてきたのです。そのために私たちは狭小な世界に閉ざされてきました。我が子が小中学生だったころ、父母会に出席することができず、ママ友との付き合いもできませんでした。近隣との交流も許されず、つらい思いをしてきました。

こうした狭い考え方から解放されたことで、法華経・日蓮聖人の教えを受け入れやすくなりました。D上人は私の考え方を一変させてくれた恩人です。

夫は「修行を積み重ねることで、自分の能力が信徒を導けるレベルに達した段階で布教所を設立しよう」と考えていました。ところがD上人は「すぐ設立しなさい」と言うのです。夫には多少の葛藤があったようですが、その助言を受け入れて日蓮宗公認の布教所「日蓮宗妙光結社」を設立しました。これは母が存命中に営んでいた法華道場と同じ名称です。母に対する報恩の思いがあったからです。昭和五十五（一九八〇）年、私が三十五歳の時でした。

D上人のもとで教えを学んでいた時、私も出家の決意をしました。「体が弱い夫の活動の手伝いをしたい」との思いを強くしたのです。出家するためには師匠を定めなければなりません。それをD上人に依頼しました。

✤ 大きな転換──仏さまの教えをよりどころに

布教所を設立して以降、D上人にも信徒指導に当たっていただきましたが、次第にD上人の指導方法に疑念を抱くようになりました。信徒教化のやり方がお釈迦さま・日蓮聖人の御心にかなっていると思えなくなったのです。それだけではありません。霊感を全面に出して語るD上人の予言の多くが的中していないことに気づいたのです。

「お釈迦さま・日蓮聖人の御心《みこころ》から外れた教えをもとに信徒教化を続ければ、私たちに付いて来てくれている信徒さんを迷わせてしまう。これからは他人《ひと》を頼らず、ひたすら法華経と日蓮聖人の教えに基づく信徒教化に励もう」と夫と二人で話し合い、信徒教化の方法を大きく転換したのです。その結果、信徒さんたちの表情も心持ちも明るくなりました。

人間の考えを差し置き、お釈迦さまと日蓮聖人の教えを中心にするよう転換できたのは、その契機を作ってくれたD上人のおかげです。私たち二人にとって、その転換は〝宗教家としての真の門出〟と言えます。

✤ 夫の病もお釈迦さまの手立て

方向転換をして間もなく、夫は声帯を患って声がまったく出なくなりました。僧侶にとって声が出ないことは致命傷です。幾つかの大学病院を転々としましたが、その原因が分かりません。声帯に関する世界的権威と言われる医師に診てもらったのですが、それでも治らないのです。

そこで夫は「残された手段はお題目しかない」と決断し、息だけで声を出す〝無声音のお題目〟を必死に唱え始めました。その間、私は夫の咽頭部と胸部に向かって「このお題目が患部に届きますように」との思いを込めて真剣にお題目を唱えました。

ひたすらお題目のみに専念する方法に切り替えて約一か月後、徐々に声が出始めました。その四か月後（発病から一年半）になると、ほぼ全快していました。お題目の威力を知った時でした。

夫の声が出なかった一年半の間、月例行事や年忌法要など、布教所における諸行事の導師（中心になる僧）を私が務めました。「夫の活動の手助けをしたい」という出家の目的が、早くも現実となったのです。「僧侶の資格を取得しておいて良かった」とつくづく思いました。

出家したばかりで僧侶として自信を持てない私でしたが、この経験をとおし、「やればできる」という自信を持たせていただきました。

お題目の力を実感したことといい、多少とも僧侶としての自信が持てたことといい、夫の罹病《りびょう》は宗教活動を始めた私たちに対するお釈迦さまのお計らいと思えてなりません。お題目を伝える側がその力に確信をもっていなければ、相手に対して真に伝わらないからです。

日蓮聖人の信徒の中に、夫が信心に理解を示さない女性がいました。その女性の夫が病に伏した際に、日蓮聖人は一通の書状を送られました。その書状の中で、

「このたびの病は仏さまのお計らいなのですよ。病によって、仏さまの教えを求める心が芽生えるからです」（『妙心尼御前御返事《みょうしんあまごぜんごへんじ》』）

と記しておられます。仏さまによる手立てとしての病があることを知ります。

✤ 二十一日間の滝修行——果たすべき使命を授かる

（1）修行の目的と内容

夫が僧侶としての自信を持ち切れない時期に発症した声の病です。夫の姿が信徒さんたちの目に頼りなく映っていたことでしょう。それにもかかわらず、信徒さんたちは「お上人さん、お上人さん」と言って夫を大事にしてくれるのです。私はありがたさで胸がいっぱいになるとともに、「信徒さんたちへの恩返しとして、私に何ができるだろうか」と真剣に思い悩む毎日となりました。しかし良い方法を思い付きません。

ようやく夫の声帯が回復した頃、「そうだ。七面山の麓の宿坊に籠り、その近くの滝に打たれて身を清めながら、信徒さんに対する恩返しの方法をお釈迦さまと日蓮聖人にお尋ねしよう」と思い立ちました。

「滝を浴びる修行に入りたいので、二十一日間、家を空けようと思います」と夫に言うと、その場で了解してくれました。留守中の掃除を輪番制で信徒さんに依頼し、山梨県の宿坊へ向かいました。昭和六十年晩秋のことでした。

日々多数の宿泊者がお参りする本堂にもかかわらず、宿坊のご主人は「思い通り自由に使ってください」と言ってくださり、本堂の管理を全面的に任せてくださったのです。そのおかげで自分なりの修行スケジュールを立てることができました。

その時に立てた朝五時から夜十時までの修行スケジュールを記します。

●起床後、本堂祭壇の清掃を済ませてから花瓶の水を替え、仏さまに水やお茶などを供える

●朝の五時半と夕刻の五時より本堂で二時間の勤行《ごんぎょう》（お勤め）。正午から本堂で大太鼓をたいて一時間の唱題修行（お題目を唱える修行）。いずれの場合も法華経・日蓮聖人の教えが正しく広まって世界が平和に向かうことを願い、信徒さんに対する恩返しの方法を尋ねることが中心（その方法を授かった翌日からは、それが実現することへの願

いに変わる）

●これら本堂における計三回の勤行と唱題を終えると滝に赴き、滝に打たれながらの唱題修行

●『法華経』と日蓮聖人御遺文集を拝読したあと、悩みを抱える信徒さんに手紙を書く

●宿坊の本堂とトイレ、宿坊の庭と周辺の道路、滝の辺りなどの清掃

●宿坊の家族と共に、宿泊者が夕食を済ませた後の片づけ

以上が主な修行内容でした。時間のズレはあったものの、ほぼスケジュールどおりの修行ができました。

寒風の吹き荒れる雨の日には、滝に向かうことに躊躇した時もありましたが、そのとき「魔法瓶の湯を飲むと良い」「温かい湯の入った洗面器に両手を浸してから出掛けると良い」と耳元でささやく声がハッキリ聞こえました。どなたの声か分かりませんが、そのとおりに実行したところ、お腹がホカホカして手も温まり、気持ち良く滝に向かう

ことができました。ありがたいご教示でした。

修行中、私に忠告をしてくれる修行僧が数人いました。ある女性の修行僧は「あなたがやっているのは修行じゃない。七面山の麓にいながら、なぜ毎日登らないの！ それじゃ何の意味もない。毎日登りなさいよ」と、かなり強い口調でした。

それまでの私は、周囲から忠告を受けると素直に従う性格でした。相手が霊能者ともなれば一層のこと。しかしその時の私は別でした。「ご忠告ありがとうございます。でも今回は私が決めた修行を遂げたいと思っています」と、凛《りん》とした態度でハッキリ断れたのです。尼僧さんはムッとしながらその場を去って行きました。一歩成長した自分を見た思いでした。この尼僧さんは私の成長にとって必要な人でした。この時の尼僧さんの厳しい言葉は、お釈迦さまによる慈悲の試練と思っています。

(2) 信徒に対する恩返しの手段を授かる

「信徒さんに対する報恩の手段をお尋ねする」という修行目的は、修行に入って僅か五日目に果たされました。

朝のお勤めでお題目を唱えている時でした。「夫が真面目な僧侶を育てることである」と教えてくださったのです。いわゆる霊能者でない私です。ハッキリした音声を耳にしたわけではないのですが、声なき明瞭な言葉をリアルに賜ったのです。不思議な現象でした。

その日から私の祈りは「信徒さんへの恩返しの方法を教えてください」から、「お授けくださった夫の務めが実現しますように」という祈りに変わりました。

土曜日だけは修行のメニューを変えました。バスを利用して身延山久遠寺にある御廟《ごびょう》所《しょ》（日蓮聖人の墓所）に赴いたのです。信徒さんに対する報恩の手段を授かったことへの感謝のお題目に専念するためでした。その唱題中、授かった答えの意味を納得させていただきました。それは「夫が真面目な僧侶を育てれば、その功徳がおのずと信徒さんたちに巡る。それが信徒さんに対する何よりもの報恩となる」ということでした。感動でした。

突然に思い立った修行方法でしたが、求めていた答えを授かったことで、修行方法に誤りがなかったことを確信しました。

修行中、『法華経』と日蓮聖人の御遺文を拝読する時間を日々設けたのですが、次の御遺文に接した時には涙が止まりませんでした。それは、

「この法華経を堅固に信じ、余念なく一筋の信心に生きる者には、お釈迦さまをはじめ多くの御仏《みほとけ》や菩薩や神たちが、あたかも影が身に付き添って離れないように、いつも共に在ってお守りくださる」（『上野殿御返事《うえのどのごへんじ》』）

という文でした。

お尋ねした答えを授かった日から毎日、朝・昼・夕のお勤めと滝修行でお題目を唱え始めると、目を閉じた時に必ず富士山の雄姿が映じるのです。朱色に染まった朝焼け空を背景にした黒いシルエット富士でした。

私は神秘主義者でも霊能者でもありませんが、お題目の不思議な力を実感する体験はほぼ日常的でした。でもこの時の体験は格別で、私の人生にとって最大の神秘体験と言

えます。

(3) 授かった使命の実現を確信

修行に入って二十一日目、いよいよ修行の最終日を迎えました。午前三時に宿坊を発《た》ち、七面山の山頂付近にある二つの堂宇（七面山敬慎院《けいしんいん》と七面山奥之院《おくのいん》）を目指しました。その主目的はお釈迦さまと日蓮聖人に対する報恩でしたが、七面大明神に対するお礼も目的の一つでした。達成感に満ちたすがすがしい出発となりました。

宿坊の玄関を出ると冷気が肌を刺し、澄み切った空に満月が煌々《こうこう》と輝いていました。山を登り始めると、両側の森林は真っ暗闇でしたが、月が足元を照らしてくれました。人影のない中、動物が動くような音にも草木が風にざわめく音にも恐怖感が起きず、大きな声で感謝のお題目を唱えながら足を進めました。お釈迦さま・日蓮聖人・七面大明神が一緒に登ってくださっているという確信のもと、法悦《ほうえつ》（仏さまの教えを味わう喜び）に浸りながら一歩一歩足を進めた時の感激は、今も忘れることができません。

全行程の三分の二（全五十丁中の三十六丁目）付近に達した頃から雪が降り始めました。周囲が見る見るうちに雪景色になっていく光景を目にし、これも感動でした。やがてボタ雪に変わり、衣服はビショ濡れです。この時「今日は滝の修行ができなかったので、それに代わって雪が私の穢れを洗い流してくれている」と思い、涙あふれる道中となりました。

いよいよ目的地の御来光遥拝所《ごらいこうようはいじょ》（七面山敬慎院の正面）に到着、その時も相変わらずボタ雪が激しく降っていました。御来光を待ちながら、敬慎院に宿泊している参詣者たちと一緒にお題目を唱えていると、次第に東の空が明るくなってきました。すると朝焼け色に染まった空を背景に黒いシルエット富士がクッキリと浮かび上がってきたのです。こちらはボタ雪、正面には雄大な富士の姿。まさしく修行中に日々拝ませていただいていた富士山の映像そのものです。

その瞬間、「夫に授かった〝真面目な僧侶を育てる〟という役目は間違いなく実現する」という絶対の確信を得ました。その時の感動は例えようもなく、感極まって号泣し、唱えるお題目がお題目になりません。

敬慎院と奥之院でのお礼参りを済ませて下山し、帰路につきました。横浜の自宅（布教所）に到着すると、信徒さんたちが集まって私の帰りを心待ちにしてくれていました。

（4）修行を終えて

修行を終えて約一か月後、お世話になった宿坊のご家族にお礼を言うため、夫と共に宿坊を訪ねました。その時、それまで数え切れない修行者を見てきたご夫妻が口をそろえ、「瀬野さんのような修行こそ、本当の修行だとつくづく思いました」と言ってくださったのです。

修行の主目的は、夫を気遣ってくれる信徒さんに対する恩返しの方法を求めることでした。自身のための修行（自行《じぎょう》）を中心とせず、周囲に対する感謝と思いやりを中心とする修行（化他行《けたぎょう》）に徹しました。

滝の清掃、参拝者が濡れ落ち葉で滑らないようにと宿坊一帯の清掃、宿泊者が快適に利用できるようトイレの掃除、片づけなどの宿坊のご家族への手伝いといった修行でした。一日に計六回の本堂と滝での唱題の際は、仏さまの教えが正しく広まることや世界平和を祈ることなどが中心で、自身のための祈りはありませんでした。世話になっている宿坊家族への感謝はもちろん、留守中に布教所を守ってくれている信徒さんたちと、私を気持ち良く送り出してくれた家族への感謝も常に忘れませんでした。

　こうした化他行を中心とした気持ちがお釈迦さまと日蓮聖人の御心に通じ、その結果、信徒さんに対する報恩の手段を授かったものと信じます。自行に徹するよう忠告してくださった女性霊能者の言葉に従わなくて良かったと思っています。この方は私を成長させてくれた恩人です。

　この時に頂戴した宿坊ご夫妻の「これが本当の修行だと思った」という言葉によって、平素の活動に誤りがなかったという確証を得、その後の活動の励みになりました。私の人生にとって極めて貴重な二十一日間でした。

本来、修行というものは他言すべきものではありません。自慢とも受け取られかねないからです。しかし、読者の皆さまの信仰生活と、これから修行に励もうとする方に多少ともお役に立てればとの思いがあり、あえて記させていただきました。

さらに〝法華経修行の根幹は慈悲と報恩であり、それを貫くことで伴う忍耐の修行でもある〟ということを皆さまに知っていただきたかったのです。

✤授かった使命の実現

修行から帰って数週間後、仏教学部への進学を志す九州の青年が訪ねて来ました。玄関を入るといきなり「弟子にしてください」と言うのです。これには驚きました。娘の友人の従弟《いとこ》とのことでした。お寺の生まれでなく、一般家庭で育った青年でした。

その青年に対し、夫は「私の所のような小さな布教所で僧籍（宗派の本部に登録する籍）を得ても僧侶社会での立場が弱く、大きな発展を望めない。君の将来のためには名の知れた寺院の住職を師匠とした方が良い」と言い、師匠になることを断りました。

それでも青年は「ぜひ弟子にしてください」と言って引き下がらないのです。そこで夫は「やがて君の尊敬する僧侶に出会う時があるだろう。その時には師匠変えを許すから遠慮なく申し出なさい」と言い、師匠になることを引き受けたのです。そのとき私は、なぜか「お釈迦さまと日蓮聖人が遣《つか》わしてくださった青年に違いない」と直感しました。

この青年は卒業すると故郷に帰り、名称のみの宗教法人で建物もなく、檀家が皆無の寺を見事に復興しました。今は住職として活躍しています。

そのあと夫の許で在家（出家していない人）だった二人の弟子が新たに加わりました。一人は都内のJR駅ビルにあるカルチャーセンターほか複数の寺院で僧侶を対象に、もう一人は横浜の大手百貨店内のカルチャーセンターその他の会場で一般の人を対象に、それぞれ法華経と日蓮聖人の教えを講じています。

かつて女性の弟子もいましたが、今は故人です。この弟子は存命中、多くの人を法華の信仰へ導いてくれました。

右に述べた最初の弟子の要望により、僧侶の勉強会が少人数でスタートしました。宣伝は皆無でしたが、聞き伝えで広まっていき、やがて全国各地から多数の僧侶が集まるようになりました。修行中に授かった「真面目な僧侶を育てる」という使命は、思いもよらぬ形で実現しました。

『法華経』第十章「法師品《ほっしほん》」に述べられている、

「私（お釈迦さま）亡きあと、心を込めて法華経を説く者があれば、私はその場に人々を集め、その説法を聞かせるであろう」

という予言的な経文《きょうもん》に触れた時、「お釈迦さまがおっしゃるとおりの結果になっている」という思いが込み上げて感無量でした。夫が〝お釈迦さま・日蓮聖人の御心を曲げずに伝えたい〟との一心で続けてきた勉強会だったからです。

✤ 山寺の復興

（1）お寺を預かる

夫は四十歳の時に教職を辞し、自宅を結社（布教所）として宗教活動を始めました。それから十六年目、ある僧侶が「まもなく住職が引退する寺があるのだが、その住職になってはどうか」と、山梨県の寺院を紹介してくれました。それから数週間後、その僧侶が夫と私を山奥にある寺へ案内してくださいました。到着した集落は過疎化が進み、住民は数えるほど、しかも高齢者ばかりです。

目的の寺に到着してビックリ。堂内はカビや蜘蛛《くも》の巣だらけ、床は歩くと今にも落下しそうな状態です。どの仏像も破損がひどく、手足が欠けていたり、首がなかったり、倒れていたりと、何とも無残な状態でした。その姿を見た瞬間、「このままでは仏さまがあまりにもお気の毒。檀家さんのご先祖もかわいそう。何とかしなければ」との思いが込み上げるとともに、「仏さまに気持ち良くお座りいただけるよう、仏像とお堂を改修することが私たちに課せられた使命に違いない。この寺に祀《まつ》られている仏さまは夫を待っておられたのだ」という責任感が込み上げました。

その思いを夫に伝え、必死に説得しました。その結果、夫が住職になって、そのお寺をお預かりすることになりました。

(2) 修復に向けて

夫が住職になって間もなく、地域一帯を統括している老僧が「こちらでは他所から来た人をよそもの扱いする傾向がある。檀家との間に人間関係を築くまでには十年以上を要するだろう。復興事業に取り掛かるのは、その後にした方が賢明だ」と忠告してくださいました。しかし祭壇の仏さまがあまりにもお気の毒で待っていられません。そこで私たちの思いを総代さんに話したところ、

「ここの住民は七十代と八十代の老人ばかり、しかも住民は僅か十一人。そのうえ過疎

化が進む一方で復興どころではない」
と一蹴《いっしゅう》されてしまいました。

それでも「何とかしなければ」との思いが強く、どうしても諦められません。私は月に何回か通い続け、お寺の掃除と読経に励むとともに、集落の人たちとの会話に努めました。そのようにできたのは、当時、運転免許を持っていなかった私のために、そのつど自家用車を出してくれた横浜の布教所の信徒さんが居たおかげです。

私は自分の預金を全額おろし、まず仏像と須弥壇《しゅみだん》（仏さまを祀る壇）の修理から着手しました。すると次第に復興への協力を申し出る横浜の信徒さんが現れました。

すでに五十歳を超えている私でしたが、思い切って運転免許証を取得しました。それから間もなくして、夫は多忙のため山梨の寺に行く機会が少なくなりました。そのうえ運転してくれていた信徒さんの体調に変化が見られたのです。その結果、ほとんど私だけで通うようになりました。免許証を取得しておいて良かったと思いました。

運転初心者の私でしたが、ほとんど一人で通い続けました。急斜面と側溝に挟まれた曲がりくねった細道での運転でした。頻繁にお寺に通う私の姿を見ていたためか、たびたび住民と会話をしてきたためか、私たち夫婦に対する住民の気持ちに変化が見え始めました。

そんな時、六十歳の元気な女性が定年退職して山に帰ってきたのです。このことが大きな転機をもたらしました。私たちの意向を全面的に理解してくれたからです。その女性が「遠路にもかかわらず頻繁に足を運び、私が娘だった頃お寺に住んでいた住職と同様に寺を守ってくださり、とてもありがたい。私は応援するからね」と言ってくれ、さらに「住職ばかりに負担を負わせては申し訳ない」と、住民たちに寄付を募ってくれたのです。こうして仏像と本堂の修理から開始し、予算に合わせて一部屋ずつ徐々に改修が進んでいきました。

しかし遠距離を足しげく通い、身を酷使し続けたことによる疲労のためか、帰路の東名高速でヒヤッとする事が何度か続けてありました。頻繁に通えなくなることが寂しく心残りでしたが、大事が起こる前に仏さまが「もう無理をするのは止《や》めなさい」とご教示くださったものと思い、夫がお寺へ行く時だけ同行するようにしました。

それと期を同じくし、私に代わって横浜の布教所の信徒さんが読経と掃除をするために毎月通ってくれるようになったのです。夫が開いている僧侶勉強会の参加者もお参りしてくださいました。その中には毎月お参りしてくださる僧侶もいました。それだけではありません。勉強会の参加者の中には「あのお寺に住み込んで読経や掃除などの修行をしたい」と申し出る尼僧さんまで現れたのです。ありがたかったです。

当初は「せめて仏像と本堂の修復だけでも」と考えていたのですが、夫が住職になって八年目、すべての部屋の修復が完了しました。その結果、本堂で檀家さんたちと一緒にお題目を唱えられるようになり、年忌法要など種々の儀式が可能となったばかりか、お寺で生活できる状態にまでなりました。予想をはるかに超える早さでした。

すべての修繕が完了したのを機に、夫は地元横浜での活動や各地での講演などを優先することとし、お寺の近くに住む僧侶に住職を引き継いでいただきました。夫が住職となって十年目のことでした。

（3）仏さまによる手立て

それまでを振り返ると、言葉に尽くせぬ多くの〝おかげさま〟がありました。私が運転免許証を取得する前に車を出してくれた横浜の布教所の信徒さんの存在。定年のあと山に戻ってお寺の復興に尽力してくれた女性の存在。私に代わって毎月お寺へ通い続けて読経と掃除に励んでくれた横浜の信徒さんの存在。そのあと寺に住み込んで修行を続けてくれた尼僧さんの存在等々、いずれも絶妙なタイミングでした。これらはすべて、仏さまが私たちのために、時と場合に応じて必要な人を遣わしてくださった〝仏さまの使者〟と思えてなりません。お釈迦さまは『法華経』の中で、

「私は使いを遣わして、法華経のために尽力する人を護《まも》るであろう」（第十章「法師品」）

と述べておられます。

これらの事実によって、法華経の持つ力と、お釈迦さまのお慈悲の力と、お題目に備わる偉大な力とを、さらに深く味わうことができました。仏さまの教えを心にとどめ、

私心なく周囲を思う一途な行為であれば、仏さまは時に応じて必要な手立てを講じてくださる、ということに一層の確信を得ました。

お寺の復興に夢中だった十年間の様々な事柄が、いま彷彿としてよみがえってきます。お釈迦さまによる手立ての一つ一つが思い起こされて込み上げる感動、多くの皆さまにお世話になったことが思い出されて込み上げる感謝、山に住むお年寄り一人一人の顔が目に浮かんで込み上げる懐かしさ等々、これらによって湧き出る涙を抑えつつ、今、ペンを置くところです。楽しく有意義な十年間でした。

✣ 社会に向けての布教

(1) 連載文の執筆

ご先祖への読経を頼まれて東京の信徒さん宅に向かう日のことでした。電車やバスの中で次のような思いが込み上げて涙が止まらなくなりました。それは、

「自分はお題目に巡り合うことができた。しかし、今この車内にいる人たちの中に、この尊いお題目との縁が結ばれている人がどれだけいるだろうか。一人でも多くの人が、法華経・日蓮聖人の教えに添った真のお題目と結ばれてほしい。ただ願っているだけではだめだ。自分にできることで役立ちたい」

という思いでした。帰宅後、直ちに御本尊に向かって「こんな私にもできることはないでしょうか」と問いかけながら、お題目を唱え続けました。

それから間もなく、東京のS上人から電話が入りました。『まんだら』誌に連載文を書いてほしい」との依頼でした。『まんだら』誌は大本山池上本門寺や本山龍口寺など多くの寺院で配布している布教誌です。

執筆の経験などない私です。これには驚き、丁重にお断りしました。しかし、そのあと、はっと気づきました。

「この話はお釈迦さまが私の願いをかなえてくださった結果だったのだ」

と。さらに、

「私は勉強会で学んだ法華経・日蓮聖人の教えを基にして種々の問題を乗り越え、個々の信徒さんの悩みに対応してきた。その信仰体験を記せばよいのだ。自分のような者の体験でも、人々の信仰生活のために多少ともお役に立てればありがたい」

と思うとともに、

「そうだ。夫に推敲《すいこう》してもらえば続けられる」

等々、思いが広がっていきました。

早速S上人に電話をかけ、「ありがたく受けさせていただきます」と伝えました。その時は何の迷いもありませんでした。

連載は平成十二（二〇〇〇）年一月号より始まりました。連載が始まると読者から「感謝することの大切さを知りました」「お釈迦さまに見守られていることに気づきました」「毎回、読むたびに次号の出るのを楽しみにしています」といった感謝や感動の声が寄せられたのです。予期せぬ結果でした。発行のたびに必ずお手紙をくださった僧侶も数人おられました。その中には「この冊子を多くの皆さまに配布してください」と、送料として金一封が同封された書留もありました。

平成二十一（二〇〇九）年、十年目を迎えたのを機に連載を終えることにしました。初めは一年間でも続けられればと思っていましたが、思いのほか長く続けることができました。この連載が私の信仰心を育んでくれ、意義ある十年間となりました。

この体験をとおし、
●お釈迦さまの御心にかなう願いは必ずかなえてくださる。しかも結果が驚くほど早い
●お釈迦さまの御心にかなう願いであれば、その実現のために周囲を動かしてくださる
●お釈迦さまは自分にとって不可能な難題は与えない
ということを知りました。

（2）講演の依頼

私は勉強会で学んだ教えを基として信徒さんに向き合うようになっていました。その体験をとおしてお題目の偉大さを身と心で味わい、信心が深まりました。それにより「お釈迦さまが語っておられる事にウソはない」という確信を一層強くしたのです。その結果、「自分は常にお釈迦さまと共に在る」という安心感に抱かれて、日常の事柄がことごとくありがたく感じるようになり、感謝の気持ちに包まれる日々となりました。

そんな時期のこと、『まんだら』誌の連載が始まる前と同様、一人でも多くの人がお題目の素晴らしい力を実感し、幸せになってほしい。そのために身の丈に合った方法でお役に立ちたい、という気持ちが特に盛り上がる時が幾度かありました。そのタイミングで講師の依頼が入るのです。その中の二つを記させていただきます。

私が初めて依頼された講演は重みのあるものでした。山梨県と静岡県の全僧侶とその夫人を対象とした講演だったのです。僧侶社会の常識を知らなかったから引き受けられたのです。知っていたら引き受けませんでした。知らなくてよかったです。

その後、地元神奈川を中心に幾つかの講演や説法を頼まれるようになりました。私が経験させていただいた講演の中で、特に強い印象の残ったものがあります。それは滋賀県で開かれた講演です。聴衆の反応が良く、話した後の満足感が大きかったからです。

会場の大ホールには数十人の僧侶と二百五十人ほどの檀信徒（信徒と檀家の人）が集まっていました。話をしている最中、うなずきながら真剣に聞いてくださる姿があちこちに見られました。

そこでは法華経と日蓮聖人の言葉を典拠としつつ、種々の実体験を交えながら、お題目がもたらす功徳について話しました。演題は「お題目で授かる豊かな心」でした。

講演終了後、その集いの主催者である檀信徒協議会の会長さんが最後の締めの挨拶で、「妙佳上人が話をしている最中、妙佳上人の背後にずっとお釈迦さまが立っておられるように感じながら聞き入っていました。尊いお話をありがとうございました」と言ってくださったのです。その言葉を聞き、またしてもお釈迦さまが「私でもできる方法でお釈迦さまのお手伝いをしたい」という願いをかなえてくださったものと信じました。

(3) カルチャーセンターの講師

『まんだら』誌の読者から感動の手紙をいただいたことや、仏さまの教えにかなう生き方に励んで人生を好転させていく信徒さんの姿に接し、またしても「非才な私ですが、この尊い教えを一人でも多くの人に伝えたいです」と仏前で祈った時がありました。

ある僧侶から「自分が都内の施設で続けている講座を来期から引き継いでほしい」との電話が入ったのは、その祈りの翌々日だったと記憶しています。読売・日本テレビ文化センターが主催する講座でした。

仏さまにお願いした直後だったのに「考えさせていただきます」と答えてしまいました。『まんだら』誌は年に四回の発行ですが、講座となれば毎月のこと、自信がなかったのです。

でも「お釈迦さまは、その人にとって不可能な課題は与えない。夫に協力してもらえば続けられる」と自分に言い聞かせ、依頼してくださった僧侶に「ありがたく受けさせていただきます」と電話をしました。また〝仏さまの御心に沿う祈りは必ずかなえてくださる〟という思いを新たにした時でした。

ありがたいことに、話す日の二、三日前になると語るべき事柄がひらめくのです。その事柄に関連した情報や話題を入手することも度々でした。これも仏さまのお計らいと思っています。

周囲に語ることで、自身の理解に深みを増しました。日蓮聖人の、

「力あらば一文一句なりとも語らせ給うべし」（『諸法実相鈔《しょほうじっそうしょう》』）

という言葉が胸に響きました。

ある年、夫は「十八年間、僧侶対象の勉強会で語ってきた事柄などを一冊の本にまとめたい」との思いを固めました。その手伝いに専念したいという思いが生じ、カルチャ

ーセンターの講師を辞める決断をしました。講座を始めて四年後のことでした。ありがたいことに、夫の勉強会に参加している女性僧侶が後任を引き受けてくださり、安心して退くことができました。

✤激痛も仏さまのお導き

右に述べたように、夫には「これまでに勉強会その他の場で語ってきた内容をまとめて本にしたい」との思いがあったものの、様々な所用に追われ、執筆に取り掛かれませんでした。

そんな時期でのことでした。朝食を済ませて立ち上がろうとした時、突然、私の腰部に激痛が走り、立つことも座ることもできません。頭と肘をテーブルに乗せた姿勢のまま、ジッと動かず耐えるしかありませんでした。救急車を呼んで病院に向かいました。道中での痛さは言葉に尽くせません。検査の結果、腰椎《ようつい》の圧迫骨折と診断され、一週間の絶対安静を要するとのことで緊急入院となりました。

その日は夕刻より僧侶対象の勉強会がある日でしたが、急きょ当日の勉強会を休ませてもらいました。リビングルームを教室の形に改めるなど、勉強会に向けての様々な準備が私の担当だったからです。

入院は十八日間でしたが、「その後も二か月以上の自宅での安静を要する」との指示があり、三か月間すべての勉強会を休ませてもらうことにしました。

当時の夫は布教所の仕事、月四回の勉強会の準備、役職上の仕事、頻繁に招かれる講演の準備などで多忙でした。仏さまの教えに関しては生半可《なまはんか》にできない夫です。私は種々の活動と執筆との両立は不可能と思い、勉強会を閉じるタイミングのことを長らく悩んでいたのです。

退院して間もなく、「今回の入院は、夫が勉強会を閉じて執筆活動に専念するために講じてくださった〝仏さまのお計らい〟に違いない。勉強会を再開したら、念願の本を出せずに終わってしまう」との思いが込み上げたのです。

ところが「おかげさまで仏さまの教えの根幹が分かりました」とか、「毎回楽しみにしています」などと言ってくださる参加者の多い勉強会です。閉じることは忍びなかったのですが、勉強会を休んだ今こそ決断の時と思い、その思いを夫に伝えました。

遠方より喜んで参加してくださる方が多く、そのうえ十八年間にわたって一度も休まず続けてきた勉強会です。夫はしばらく迷っていましたが、やがて私の意を受け入れてくれました。最終回の挨拶をせずに終えたことが心残りでしたが、その決断がなかったら夫の著書『南無妙法蓮華経のこころ』（発行元は巻末に記す）が世に出なかったことは確実です。

ありがたいことに、勉強会の参加者など多くの僧侶が、各地でその本をテキストとした勉強会を開いてくださっています。山梨県での修行中に授かった「真面目な僧侶を育てる」という使命は、思いもよらぬ形で確実に広がっています。

激痛から刊行に至るまでの経緯を振り返ると、常に仏さまのお導きがあったことに気づきます。

✤出版に向けて

おかげさまで夫の著書『南無妙法蓮華経のこころ』は、お釈迦さまが差し向けてくださったとしか思えない多くの仏縁に恵まれて出版に至りました。法華経・お釈迦さま・日蓮聖人に対して純真な夫が命を懸けた結果と思っています。初版は一年で完売しました。

その本の執筆がほぼ完了した頃、夫が私に、

「自分はお題目の理論を中心に伝えてきた。だから信徒教化で培った経験を踏まえ、その実践面を記してほしい。理論と実際との両面が揃ってこそ生きた宗教になるからだ」

と言うのです。

私自身、「非才ながら、そうした体験を自分なりに記すことができれば」との思いがあったことは事実です。信徒さんたちの悲しみや苦しみを共にしつつ、一緒に乗り越え

てきた時の喜びは例えようもなく、その体験で得た事柄が法華経と日蓮聖人の教えと合致していたことに大きな感動を覚えてきたからです。

日々、お釈迦さま、日蓮聖人に対する感謝のお題目と共に「信徒さんがお釈迦さま、日蓮聖人の御心にかなう正しいお題目で諸問題を乗り越えるようお導きください」と祈ってきました。その結果でしょうか。各信徒さんが次第に法華経の道理にかなった方向へ向かい、顔立ちまでも温和になっていくのです。

こうしてお題目の偉大な力を実感している時に「お題目の宗教の実践面を記してほしい」という夫の言葉があり、私の背中を押してくれたのです。

以上、お題目と共に生きてきた半生の一端を述べさせていただきました。私の歩んできた道のりは「仏さまの御心に沿った願いは必ずかなえてくださる」という確証を得る事柄の連続だったことに気づきます。またこれまでを振り返ると、さまざまな仏縁（仏さまのお引き合わせ）に恵まれてきたことにも気づくのです。

苦しかった事も含め、「お釈迦さまが私たち二人のために、あらかじめご用意くださっていたシナリオに沿って生かされてきたのでは」とさえ思えてきます。

私のささやかな体験談でしたが、皆さまの今後の人生のために多少ともお役に立つことを願っています。

第二章 仏の道を行く

✤ 自分が変われば相手も変わる——仏ごころでする介護

「お釈迦さまや日蓮さまから与えられた修行と思い、今では感謝の極みです」と私に語ったのは、九十一歳の実母を自宅に引き取って世話をしているA子さんです。A子さんは持病があるうえ足腰がやや不自由になってきた七十代、典型的な老老介護です。

その実母は便を垂らしながら室内を歩き回るので、A子さんは雑巾を持って後《あと》を追う始末。粗相をして布団を汚しても「私はしていません」の一点張り。〝ああ言えばこう言う〟でかわいげがなく、「ありがとう」など言えない人です。

そんな実母と同居しているA子さん、実母の我がままに耐え続ける夫にも気を遣わなければなりません。様々なつらさが重なってイライラの募る毎日でした。そのイライラが自身の態度にも現れてしまうのです。

そんな状態が続くある日のこと、A子さんは「つらいと思うからつらいのだ」と考え直したそうです。さらに「こんな気持ちでは、せっかく面倒を見ても相手に通じるわけがない。仏さまにも通じない。同じことをするなら明るく楽しくやらなければ」とも。

そのことに気づいたA子さん、それ以降、母から何をされても言われても、常に笑顔で接するように心掛け、幼児に言い聞かせるように、ゆっくり落ち着いて接するよう努めたそうです。その結果、母親の心が次第に穏やかになり、今では「ありがとう」の連発とのこと。私がA子さんの母親にお会いした時、態度も容貌も以前と大きく変わっていたことに驚きました。A子さんも笑顔で明るい表情になっていました。

この親子の変化を目にした私は、〝相手が変われば自分も変わる〟ではなく、〝自分が変われば相手も変わる〟のだということを学ばせていただきました。〝同じ事をするにも、考え方次第で苦しくも楽しくもなる〟ということですね。

こうしてA子さんの心に落ち着きが見え始めたころ、長年、連れ添ってきた夫に先立たれました。その残務整理に追われて落ち着く暇もない最中、身寄りのない九十歳の叔母を引き取ることになりました。自分自身、身体に欠陥を持ちながら、九十代の老人二人の面倒を同時に見ることになったのです。彼女は、信心に励みつつ懸命に頑張りました。

A子さんは言います。

「ここまで乗り越えてこられたのは〝南無妙法蓮華経〟のお題目を頂いてきたおかげです」

と。それに続いてA子さんの口から出た言葉、それが冒頭の「この苦労はお釈迦さまや日蓮さまから与えられた修行だと思い、今では感謝の極みです」という言葉だったのです。それを聞いて頭が下がりました。さらにA子さんは、

「苦しいことも、つらいことも、感謝と慈しみによって乗り越えることができることを知りました」

とも言っていました。仏道修行は日常生活の中にあるのですね。

つらいことや苦しいことがあると、私たちはその苦難から早く逃れることを考えがち

です。しかしそれよりも、まず今ある現実を素直に受け入れ、そのあと、それをどう乗り越えるかを落ち着いて考えるべきです。その結果、仏さまの智慧《ちえ》を頂くこともありますす。A子さんの体験をとおし、そのことをつくづく実感しました。

楽しみがあれば苦しみもある。これは生きていることの証しです。苦しいことに遭遇した時、その苦から逃れることばかりを考えるより、その苦を生かすことを考えるべきです。そうすれば、

楽しいことは良いことだ。

苦しいことも良いことだ。

となるのではないでしょうか。

✤ メディアの責任と私たちの責任

NHKの「プロジェクトX」というテレビ番組を何回か見ました。あるチームが皆で

心を合わせ、一つの目的に向かって邁進する過程を紹介するドキュメンタリー番組でした。さまざまな障害を一つ一つ克服していき、やがて目的を達成した時の感動と喜びを、スタジオに招いた当事者と共に味わう番組でした。私たちに生きる指針と勇気を与えてくれます。また家族愛や友人愛などを追った微笑《ほほえ》ましい番組も見られます。その一方、一年間の出来事をまとめて振り返る年末の番組を見て目立ったのは、十代の若者による凶悪犯罪に関連したニュースでした。

これらの番組を見ながら感じたことは、報道のあり方の問題です。一つの事件が起きると「待ってました」とばかりにその話題に集中し、関係者の家族や親族をはじめ、職場や近隣にまで土足で踏み込んでのインタビュー。まるで覗《のぞ》き見です。特に被害者の家族に対してはソッと遠くから見守ってあげてほしいものです。私たち視聴者の側も、まるでドラマや推理小説を楽しむかのような井戸端会議（今は道端会議やファミレス会議）。もちろん、こうした暗い事件の報道も必要です。でも、一つの話題に長い時間を費やして集中しすぎです。犯罪手口の提供にもなりかねません。同種の事件を誘発させることも多々あります。

一方、こうした報道のおかげで自己を守る手段を得ることもあります。痛し痒《かゆ》しです。詰まるところ、報道する側の品位と、それを受け取る私たちの側の品位の問題に尽きると言えそうです。

テレビ・ラジオ・新聞・雑誌などの報道関係者には、人々の心を一つの方向へ誘引する大きな影響力があります。社会の常識や通念を良くも悪くも変える力を持っています。特に放送は公共の電波を利用しているだけに大きな責任があります。それにしては常識から外れている特殊な人を追って、それが最先端の新しい常識であるかのように誘引する番組など、品位を欠く無責任な番組の存在が気になります。

視聴率を気にして〝受け〟ばかりをねらわず、心を豊かにする明るく微笑ましい話題を探して取材し、それらを多く提供してほしいものです。そうすれば未来を築く若者たちに良い影響を与え、社会を明るい方向へ導くことでしょう。その報道機関を動かすのは私たち視聴者であることを忘れてはなりません。

私たちはみんな仏の子です。「社会を健全にし、すべてを幸せにしたい」という仏さまの御心《みこころ》を共有し、仏さまと共に社会を変えていきたいと願わずにいられません。一人一人の力は微力です。でもこれまでの経験をとおし、仏さまに通じる一念には周囲を動かす大きな力があることに確信を持たせていただいています。

仏さまが説かれた道理は永遠不変です。お互い、悪い風潮に流されることのないシッカリした意思をもち、お題目をとおして仏さまの御心と通い合い、仏さまと共に社会を正しい方向へ導いていきたいものです。

✤ 仏さまのお導きは絶妙なタイミング——お釈迦さまはいつも私たちの傍らに

十数年前にあった出来事がもとで、他人の借金を引き受けることになってしまった六十代の女性の話です。

この女性、昼間はパートで大手電機メーカーに勤め、夜は深夜まで内職をするなど、身を酷使して働き続けたものの、国民年金の掛け金を払えず滞納が続いたり、料金を払えないで電話を止められることが度々でした。しかし必死に頑張り続けたことで、ようやく借金から開放されたものの、年齢が理由で職を失ってしまいました。まったく蓄えがなく、働き続けなければ生きていけません。月々の家賃も重荷です。その当時は極めて就職難のご時世、年齢がネックになって自分に適した職が見つかりません。自暴自棄に陥ることも度々でした。

そんな状況の中、何があろうと貫き通したのは毎日のお題目でした。

「仏さまはいつも私を見守ってくださっているはず。仏さまが私の身体をいたわり、今は休息を与えてくださっているのだ」と思い直すことで、心が冷静になるよう努めたそうです。そんな折、彼女にもできそうな仕事の話が舞い込んできました。それも失業保険の支給が切れる直前でした。早速、面接会場へ出向きました。

ようやく職に就くことができたものの、仕事に慣れない、覚えられない、年下の先輩からのいじめ。とうとう忍耐の限界を超えてしまいました。辞めることを決意して帰宅した時、たまたま目に入ったのが、新聞のコラム欄のタイトル「辛抱なくして道は開かず」でした。その翌日からは、「周囲が私につらく当たるのは、私を一人前に育てるための手立てに違いない」と自分に言い聞かせることで、苦しみに耐えるよう心掛けたとのことです。

彼女が来訪したのはそれから数か月後のこと、私にありがたい報告をするためでした。彼女は言います。

「今では私に対する周囲の態度がすっかり変わり、楽しい職場になりました。周囲の人は一人暮らしの私を気遣ってくれます。自分の受け止め方が変わると周囲も変わるのですね。おかげさまで仕事にも慣れ、心に余裕ができました。今回の事でお題目の功徳を再認識しました。お題目に込められている功徳の力は絶対的ですね」

と。私が待っていた彼女の笑顔が戻っていました。

振り返れば、失業保険が切れる直前に舞い込んだ仕事の話といい、退職を決意した日に絶妙なタイミングで目にした新聞コラムといい、心の修行をする機会を与えてくれた職場での厳しい人間関係といい、つくづく思うことは、お釈迦さまはいつも私たちの傍らに在《まし》まして、私たちを見守ってくださり、私たちをお導きくださっているということです。これは今までも様々な事柄に触れて実感してきたことですが、彼女の体験をとおし、さらにその確信を深めました。

このようなお釈迦さまのお導きに気づくことができるための条件、それはお題目を素直に信じて唱えることと、何事にも感謝できる心を養うことだと思うのです。彼女はその典型でした。

お釈迦さまはおっしゃっています。

「いつも私はその場に在って、教えを説き続けているのだよ（常住此説法）」

と。

見るもの聞くもの触れるもの
みんな何かを教えてくれる
すべてこの世は仏さま

とは、夫が説法でたびたび語っていた言葉です。

✤より良く老いる——超高齢社会のなかで

「昼間、スーパーへ行ったら老人ばかりで気味わるかった」とは、ある娘さんが私に言った言葉です。これを聞いてショックでした。すでに私も高齢者の仲間入りです。日本の高齢化率はますます高まっています。昼どき街で見かける人の半数以上が老人、こんな時代が来るかも知れません。

私はこれまで様々なタイプのお年寄りに接してきました。

年齢を重ねるにつれてハツラツとしていくタイプ。このタイプの老人は、社会と適度に交わり、趣味や目的を持って前向きに生きている人に多く見られます。他方、見るからにかわいらしい容姿になっていくタイプ。このタイプの老人は、事に触れて「ありがたい、ありがたい」と感謝する人に多く見られます。

逆に、次第に自己中心になって周囲に対する配慮が欠け、我《が》が強くなっていくタイプの老人も見られます。このようなタイプの老人にはなりたくないですね。

このような我意の強いタイプにならないための特効薬、それは仏さまの御心にかなう信心だと思うのです。日蓮聖人のお言葉によれば、仏さまに対して従順な心で唱えるお題目によって、慈しみに満ちた仏さまの御心と通い合い、仏さまの御心を共有させていただけるとのことです。仏さまの御心を頂くことで、この世で生きるうえでの活力を授かり、生きがいも生まれます。これがお題目の大きな功徳の一つと信じます。正しい信心に励み、このようなタイプの老人になりたいものですね。

我が国の債務残高は年々増え続けています。日本の債務残高はすでに債務不履行に陥りかけたギリシアを上回っているとのことです。このままの状態が続くと更に借金が増し、多額な返済を次世代の人に委ねることになります。次世代を担う子孫に対し、申し訳ない気持ちでいっぱいです。

二〇一〇年、日本の高齢化率は世界一になりました。少子化と東京一極集中が進み、地方の中小都市や山村の映像を見ると、所によっては老人ばかり。変化の速さに驚きます。

せめて、若い人たちの手本となる好ましい老人になりたいものです。それに加え、これからの社会が少しでも明るくなるよう、皆さんと共に善行を積み重ね、その功徳を遺産として次世代の人たちに残したいものです。

また若い人たちも、先輩たちが築いてきた文化や努力のおかげで今があることを忘れず、感謝と思いやりをもって高齢者に接してほしいと願っています。老いも若きも皆〝仏さまの愛子〟なのですから。

✤ 慈愛と信念が生んだ奇跡

母親に対する恩愛を貫き通すことで、不可能を可能に転じた女性の話です。

八十七歳で亡くなった老婦人のSさんの葬儀を小さな布教所を営む私たち夫婦が依頼されました。

この家の菩提寺は都内の中心部にある禅宗の大寺院です。私がその家の墓参りをした時に驚いたのは、伽藍や境内の見事さも然《さ》ることながら、Sさんと同姓の墓があちこちに点在していたことです。一族そろってその寺院の檀家だったからです。菩提寺で葬儀を行わなければ親族に対して顔が立ちません。そのうえSさんの二人の息子さんは、どちらも名の知れた大企業で部長クラスの立場にある人です。立派な会場で行わなければ会社の関係者に対して面目が立ちません。

今回のような簡素な形の葬儀をするには、息子さんたちが対外的なメンツを捨てる必要に迫られます。それだけではありません。私たちと出会う前に起きた金銭トラブルがもとで、二人の息子さんは私たちの宗派に対して大きな不信感を抱いていたのです。理由を聞けば当然の不信感です。

今回の葬儀は、こうした数々のマイナス要因を乗り越えての決断だったのです。この思い切った決断には胸を打たれました。

このような結果をもたらすことができたのは、Sさんと一緒に暮らして面倒を見てきた娘さん（Sさんの末子）の強い信念が仏さまに通じた結果と思えてなりません。その娘さんには「一生懸命お題目を唱え続けてきた母の最後は、何としてもお題目で送ってあげたい」という必死の思いがあったのです。

Sさんは存命中、その娘さんに導かれて法華経の信徒となり、右に述べたトラブルが起きた後も、息子さんたちに遠慮しながら陰で信心を続けてきたのです。晩年はお題目や読経はもちろん、写経も欠かさぬ毎日でした。そんなSさんでしたが、あるとき癌の告知を受けました。入院が一度あったものの、ほとんど自宅での療養でした。親思いの娘さんは長期休暇を取り、献身的に介護を続けました。

私が入院中のSさんを見舞った時のこと、Sさんは
「厄介なものとお友達になっちゃったわ。残された僅かな時間を大切にしなけりゃね」

と、とても明るい笑顔で私に語るのです。長く続けてきた信心の成果と思いました。

そのあと自宅療養中のSさんを何度か見舞いましたが、その時Sさんが、

「すべてお釈迦さまにお任せしました。気持ちがとても楽になりました。妙佳さん、長い間ありがとうございました」

と私に言ってくれたのです。その帰りぎわに玄関を出る時、そっと娘さんに伝えました。

「明日はお兄さんたちを呼ぶべきだと思います」

と。その日が私とSさんとの最後の別れとなりました。

住み慣れた自宅で子供たち夫婦や孫に見守られながら安らかに逝ったのは、その翌日でした。

家族そろって臨終に立ち会った後のこと、娘さんの長兄（Sさんの長男）が「葬儀は禅宗でやる」と切り出し、もう一人の兄（Sさんの次男）を伴って菩提寺へ向かいました。二人が戻ってきたのは、葬儀の段取りを住職や葬儀社と決めた後でした。

それでも娘さんは諦めません。「母の願いがかなえられなかった。このままでは母がかわいそう」という思いが強かったのです。必死に訴えたものの、もはやすべては決定済み。それでも娘さんは諦めず、二人の兄を説得し続けました。その結果、ついにお兄さんたちの心が動いたのです。僅かな時間内での、奇跡の大逆転でした。それも最後ギリギリのタイミングです。

もし菩提寺で葬儀を行うことが決定した時点で娘さんが断念していたら、このような結果は生まれません。「母をお題目で送りたい」という母親への慈愛を貫き通した結果、その信念が仏さまに通じ、仏さまが二人のお兄さんの心を動かしてくださったものと思えてなりません。こうして娘さんの念願どおり、Sさんが存命中に唱え親しんできたお題目で送ることができたのです。Sさんはどんなに嬉しかったことか、Sさんの笑顔が目に浮かびました。

日蓮聖人の信徒の中に池上さんという兄弟がいました。かつてSさんの娘さんは私の夫の説法を聞いて以来、この池上さん兄弟のことが常に心の中にあったそうです。

池上さん兄弟の父親は極めて熱心な念仏信者でした。日蓮聖人に対して強い嫌悪の念を抱いていただけでなく、心底お題目を嫌っていました。父親は息子たちが日蓮聖人の信者になったことを怒り、速やかにお題目を捨てて念仏を唱えるよう息子たちに強要したばかりか、息子たちの信心を妨害し続けました。

この確執がもとで、何としても父親に従わない兄が勘当されるなど、兄弟には次から次へと苦難が訪れました。そのつど日蓮聖人は兄弟に手紙を送り、「絶対に挫折せず、正しい信心を貫きなさい」と励ますと共に、「何があっても父親に対する感謝を忘れてはいけません」とも指導されました。その手紙は池上さん一家に対する慈愛に満ちています。兄弟とその妻たちは日蓮聖人の指導を仰ぎつつ、固い信念をもって苦難を一つ一つ乗り越えると共に、正しい信心に入るよう父親への説得も怠りませんでした。
その結果、頑固だった父親の心も次第に和らぎ、日蓮聖人への理解を示し始めただけでなく、やがて日蓮聖人に帰依してお題目を唱えるようになったのです。兄弟とその妻たちの、親を思いやる慈愛と、法華経の教えに対する堅固な信心がもたらした最高の成果でした。こうして池上さん兄弟は妻たちと共に真の孝養を全うしたのです。

Sさんの話に戻します。「母の最後は何としてもお題目で送りたい」という母親に対する娘さんの深い慈愛と固い信念は、この池上さん兄弟の孝養のことが常に頭にあって生まれたものでした。

菩提寺で葬儀を行うことが決定した時点で娘さんが引き下がっていたら、それまでのこと。存命中に母親が希望していたとおりお題目で送ることができたのは、せっぱ詰まった状況に陥っても諦めず、母親への孝養を最後まで貫き通した結果です。親を思う慈しみと堅固な信心が生んだ素晴らしい成果でした。

こうしてお題目で母親を送ることができて以後、お兄さんたち夫妻は一人暮らしになった娘さん（兄弟の妹）を気遣ってくれるようになったとのことです。

そのあと埋骨にあたり、菩提寺でも盛大な葬儀を営んだそうです。その寺の境内に墓があるので当然です。しかし現在、遺骨の一部が日蓮宗総本山、身延山久遠寺に納められています。Ｓさんは今、懐かしい自宅の仏壇でも、身延山でも、見えない世界で日々お題目の声を聞いていることでしょう。

✤物の財《たから》より心の財《たから》

私の知人の中には様々な境遇の人がいます。

Ｕさんのご主人は実業家で、建ててから十八年しか経ていない豪邸を壊し、さらに豪華な邸宅を新築しました。広い庭、高価な家具や美術品、そして高級車、さらに信州に別荘を建てるなど、極めてハイレベルな生活。子供たちを有名校に入れるため、惜しむことなく高額な教育費をかけていました。庶民の目から見れば羨ましい限りです。
それでもUさんは、子供がUさんの希望する学校へ進学することができなかった不満や夫に対する不満など、事あるごとに愚痴の連続です。家族の雰囲気は何となく暗く、それぞれがバラバラです。その姿を見て〝欲には際限がない〟という事を目の当たりにしました。この家庭、バブルが崩壊したことで巨額なローンの返済が残ったと聞きます。

一方、法華経の教えを学び、それを身に付けようと努力しているVさん、三人の子供を育てる倹《つま》しい母子家庭です。「生活は確かに苦しいです」と語りながらも、何事に対しても感謝の言葉の連続です。粗末で薄暗い家の中にあって、発する言葉も表情も実に明るいのです。中学を卒業したばかりの長男は、家計を援けるために近所の蕎麦屋で働き始めました。親思いの優しい子です。この家族、一部屋しかない小さな家の中で四人が互いにいたわり合い、強い絆で結ばれています。この絆こそ、Vさんにとって掛けがえのない財《たから》です。

かつての日本家屋は、部屋と部屋の間仕切りや、廊下と部屋の間仕切りが、ほとんど障子や襖《ふすま》でした。それを開ければ互いに丸見え。閉めても向こう側の様子が筒抜けでした。Uさんの邸宅は部屋数が多く、しかも各部屋や廊下との間は壁やドアで仕切られています。それに対してVさんの家は一部屋のみ、家族どうしが互いに開放的です。

両者を比較すると、真の幸せはお金や物による要素よりも、むしろ心がもたらす要素の方が大きいと思えてなりません。

今、個々が専用のスマホを持ち歩き、家によっては部屋ごとにテレビやパソコンなどを備え、子供たちは個室を持ち、家族の個別化が進みました。その結果、自己中心主義も進み、家族の絆も薄らぎました。私たちは先人たちの努力のおかげで物質文明の豊かさを手に入れました。しかし、同時に大切なものを失ってしまったようです。

みんなが仏さまの教えを頂き、互いに恩を感じて感謝し合い、思いやることができれば、倹しい中にも絆で結ばれた豊かな幸せを味わえるはずです。

確かにお金や物の財は大切であり、重要です。しかし財というものは、時には人生を破壊する恐ろしい凶器ともなりかねません。金銭トラブルなど財産に関わる犯罪が後を絶ちません。〝こころ〟こそ何よりも大切な人生の財です。日蓮聖人はおっしゃいます。「蔵の財《たから》よりも身の財すぐれたり。身の財より心の財第一なり」（『崇峻天皇御書《すしゅんてんのうごしょ》』）と。お互い、仏さまの教えを身に付けて心の財を磨きたいものです。

✤ 老人と空き缶――仏ごころが仏ごころを呼び起こす

一人暮らしをしている信仰心の篤い老婆の話です。このおばあちゃんは八十四歳になり、かなり痴呆（今は認知症という）が進んでいましたが、私どもの布教所の電話番号は覚えていたらしく、久し振りに「お宅へお参りしたい」という電話が入りました。途中で迷子になったら大変と思い、車で自宅まで迎えに行きました。車中での会話をとおし、以前にお会いした時より痴呆症状が進んでいることを痛感せざるをえませんでした。

「痴呆の人には会話が妙薬」と聞いたことがあったので、本堂でのお参りが済んだあと、しばらく彼女と会話を続けました。相変わらず話の内容はチグハグで意味不明な言葉があったものの、「ありがたい」と「おかげさま」の言葉が多く聞かれました。

会話をしている最中でした。いきなり別人のようにシッカリした口調に一変したのです。この一瞬の変わりようには驚くばかりでした。そのあと語り始めた長い話を整理すると、

「数年前から空き缶を集めている男の人が自宅の前を通るようになった。その姿を見て亡き父親の苦労が思い起こされ、「親への供養になれば」との思いで自分も空き缶を集め、自宅の前に置くようにした。実は自分の父親も、戦後まもなくリヤカーを引いてトタン・釘・空き缶などを集め、それを売ることで生計を立てていたのだった。若い頃に見ていた父親の姿が忘れられなかったので空き缶を置くようにした。

自分が空き缶を置き始めてから約一年を経過したある日、飴玉の入ったビニール袋に丁寧な礼状が添えられ、その袋が空き缶を置く場所の近くにあるポールに結んであった。

嬉しくなって自分も礼状を書き、靴下二足を添えて袋に入れ、そのポールに結んでおいた。

しばらくするとその人が来なくなり、少し寂しさを覚え始めた日のこと、手紙の入った袋がポールに結ばれていた。その手紙には『長い間お世話になりました。おかげで就職先が決まりました。本当にありがとうございました』と記されていた。それを見てとても嬉しかった」

以上がその時に語った彼女の話です。その話を聞いて心が温かくなりました。彼女の〝仏ごころ〟が相手の〝仏ごころ〟を育み、その〝仏ごころ〟が彼女に返ってきたのでしょう。

このおばあちゃん、足腰が悪く、痴呆も進んでいたにもかかわらず、毎日二時間、近所の事務所で掃除の仕事を続けてきたのです。その仕事を始めたキッカケは、「机の上の掃除だけでも良いのですよ。自分の年齢を考えて無理をしないようにしてくださいね」という社長さんの言葉だったとのこと。恐らくは「生きがいを持たせることで痴呆の進行を遅らせたい。一人暮らしの老人が家の中に籠らないように」という、社長の〝仏ごころ〟がもとだったのでしょう。

その仕事を辞めた後は、近所の人が日々彼女を自宅に招いてくれるようになり、話し相手をしてくれているそうです。何ともありがたい話です。

彼女の話をとおし、〝親切が親切を生み、次第に広がっていく〟という事実を目の当たりにした思いです。

これらの事柄を招いた源は彼女の信心だったと思うのです。彼女のお題目が仏さまに通じたことで〝仏ごころ〟が育まれ、その〝仏ごころ〟が周囲の〝仏ごころ〟を呼び起こしたものと信じます。

✤周囲は自身の心を映す鏡

『まんだら』誌の読者からうれしい電話を頂きました。それは、

「私は毎回『まんだら』誌を読ませていただいている者です。主人が転勤族なので、私もパートを転々としています。そのつど人間関係に悩み、どの職場へ行っても周囲に対してムカつくことの連続でした。

ところが『まんだら』誌の文章を読ませていただいているうちに、〝周囲のおかげで今の自分がある〟ことや〝感謝の大切さ〟などを知り、私の態度が自然に変わっていたことに気づきました。その結果でしょうか、周囲の私に対する態度がいつしか好意的になっていました。今まで周囲が私に対してキツかったのも、その要因は私自身にあったのですね。皆さんに申し訳なかったと反省しています。笑顔の大切さと『ありがとう』という僅か一言の重みをつくづく感じています。

おかげさまで今はどの職場へ行っても楽しく過ごせるようになりました。他の職場へ移る時には私のために皆でお別れ会を開いてくれます。すぐ次の職場が見つかるようになったのも、仏さまの手立てと受け止められるようになりました。

そんなわけで、感激のあまり瀬野さんに電話をしたのです。いつも次の『まんだら』

誌を楽しみにしています」

という内容でした。私はありがたさのあまり仏前に向かい、仏さまに報告しました。

周囲は自分の心持ちを映す鏡です。自分の心持ち次第で、自分を取り巻く環境が良くも悪くもなります。その変化が自分の人生を明るくも暗くもします。

仏さまの教え（つまり仏教）は、目で読むだけでなく、心で読むだけでもなく、身に受け止めて実践することが重要です。今回、そのことを改めて認識しました。

一人でも多くの皆さまが仏さまの御心を宿すことで、心が豊かになってほしい、幸せになってほしい、これが私の願いです。この願いを受け止めてくださった電話の人に対し、むしろ私の方から「ありがとう」と言いたい気持ちです。

✤被害者意識を捨てて自身を省みる——たたりは自分の心がもたらす作用

かなり沈み込んだ深刻な面持ちで私たちの布教所を訪ねてきたCさん、顔を合わせるといきなり「交通事故を起こしました。何のたたりでしょうか。教えてください。悪霊《あくりょう》を祓《はら》ってください」との第一声。

このような場合、「自分の運転に焦りがなかったか」とか「周囲への気配りを欠いた運転をしていなかったか」などと、自身を見つめることから始まるのが普通です。ところがCさんは原因をことごとく他に求め、反省の様子が見られません。

話を聞いていると、霊能者といわれる人の出演するテレビ番組や、「何でも分かる」と自分の能力を誇示する人の影響を強く受け、思い通りにならない事はすべて怨霊や怨念、あるいは狐《きつね》や狸《たぬき》のたたりの所為《せい》にするなど、被害者意識がとても強いのです。その結果でしょうか。自分の周囲を悪者にして不平や悪口ばかりです。「たたりを信じることが信仰」と勘違いしているようで、気の毒でなりませんでした。

仮に不幸な出来事の因《もと》となる霊魂が存在するとしても、〝追い払う〟ことではなく〝成仏していただく〟ことが肝要です。それが仏さまの教えにかなう道理だからです。

たとえ信心をしていても、被害者意識に支配される〝怖れの信仰〟では、不幸の原因を押し付けられている霊魂にとって迷惑千万です。

亡き人の苦楽も含め、周囲の苦楽を自分の身に被ることを、私はこれまでたびたび経験してきました。しかしこれは〝苦楽の共有〟であり、〝たたり〟と受け止めるのは誤りです。

かつて私は「あなたには何代前の先祖が取り付いている」と言って不安感をあおる自称霊能者に接したことがあります。自分の子供や子孫の不幸を願いながら霊界に赴く先祖がいるでしょうか。恐らくは皆無でしょう。自分の身は先祖あっての存在です。特定の先祖を〝お祓い〟によって先祖から除外することなど不可能です。

自分を先祖の立場に置き換えてみてください。子孫から不幸の原因を自分の所為にされたら堪《た》まったものではありません。これでは先祖が納得するわけがなく、成仏してもらえるはずもありません。悪いことが起こるたびに責任を押し付けられてしまうのですから。自分の方から先祖などを悪霊へ導くようなもので、不幸の因をみずから作る行為です。これでは信心をする意味がありません。

浮かばれていない霊魂に対しては、「恨みや妬《ねた》みの心に縛られていては、さぞ苦しいことでしょうね。このお題目を受け取って仏ごころになってください。そうすれば楽になれますよ」と、憐れみ慈しむ心が肝要です。この慈しみこそが、霊魂に成仏してもらうための基本です。亡き人に感謝し、亡き人を敬い、そして亡き人を慈しむことです。それでこそ亡き人に喜んでもらえ、亡き人を成仏へと導けるはずです。


たたりを気にして沈うつな表情だったCさん、あまりにも気の毒なので、

「たたりなどを気にすることはありません。それよりも、まず自身を反省してください。お釈迦さまと日蓮聖人をお慕いし、お題目を唱えてください。お題目で仏ごころを磨いてください。そうすれば大丈夫。お題目に勝るものはないのですから」

と言いながら、仏さまと日蓮聖人の教えに基づく道理を伝えて励ましました。その結果、自分の非に気づくとともに、たたりの恐怖から開放されたのでしょうか。お別れする時

には安心した様子で、声も表情も別人のように明るくなっていました。

自分がお題目によって仏さまに通じていれば、たとえ悪霊などがあろうとも、それに振り回される心配はありません。こちらが善になれば、周囲もおのずと善になっていくからです。

「魔とは、奥に潜む自身の悪しき心の作用に他ならない」というのがお釈迦さまの教えです。魔といえども、その根源を探れば自身の心です。

日蓮聖人は、

「浄土と云い穢土《えど》と云うも土に二つの隔てなし。ただ我等が心の善悪によると見えたり」(『一生成仏鈔《いっしょうじょうぶつしょう》』)

と述べておられます。自身を取り巻く環境は心持ち次第で良くも悪くもなるとのお諭しです。

今後、Cさんとお会いする機会があるか否か分かりません。あの日の別れ際の明るさが持続していることを願っています。

✤事故によって芽生えた信仰

受話器を取ったらいきなり「ありがとうございました」と、いつもの聞きなれた声。やはりK子さんからの電話でした。その言葉に続き、「嫁が交通事故を起こしました。車は大破したのですが、おかげさまで嫁の命は無事だったのです」とも。

ところが詳しく話を聞くと、膵臓《すいぞう》が破裂して穴が開いてしまったとのことです。膵液は刺激が強く、漏れると他の臓器を傷つけるので危険とのこと。検査結果とその後の経過を慎重に見極めたうえで、適当なタイミングを見計らって手術を施すとのことでした。

それにしても、こんな惨事の時に「ありがとうございました」という感謝の言葉は立派です。法華経の教えが身に付いている証拠と思い、感激でした。

これまでK子さんの信心に反発してきた息子さんでしたが、自分の妻を助けたいとの一心でお題目を唱え始めたそうです。交通事故が息子さんの信仰心を育んだのです。K子さんのご主人は毎日欠かさず病院に通い、数珠で患部をさすりながら小声でお題目を唱え続けたとのこと。宗教と無縁だったお嫁さんの両親までも、K子さんのご主人の真剣な姿に接して感動し、一緒にお題目を唱え始めたそうです。

事故から約一週間、主治医が言うには「穴は小さくなって塞がりつつあります。このような場合、穴が次第に大きくなるのが通常ですが、今回のように小さくなるのを見たのは初めてです。手術しないで済みそうです」と。こうして事故から一か月後に退院することができました。この事が契機となって、お嫁さんもお題目を唱えるようになったとのことです。

私たちは良くないことがあると「なんで？」などと不満を言いがちです。法華経が私たちに教える大事な心掛けの一つ、それは今まで度々述べてきたように、どのような場合に遭遇しても他を恨むことなく、感謝と慈しみに生きることです。

私たちが信心に励む目的は、お題目をとおして〝仏さまの御心〟と通い合い、それによって〝仏さまの御心〟の一部を共有させていただくことにあると言えます。つまり、お題目で〝仏さまの御心〟を我が身に頂戴することが信心の主要な目的の一つです。私たちが目標とする〝仏さまの御心〟の中に、恨みや不平などありえないのですから。

今回の場合、お嫁さんが快方に向かうことができたのは、K子さんとご主人の〝仏ごころ〟が〝仏さまの御心〟と通い合った結果に違いありません。

冒頭に述べたように、まず〝感謝〟という〝仏ごころ〟からスタートし、その後も慈悲などの〝仏ごころ〟を貫き通したこと、これが信心に反発していた息子さんとお嫁さんの心を動かし、さらにお嫁さんの実家の人たちの心までも動かしたことは確かです。こうして皆が共々にお題目の救いに浴することができたのです。

このように、皆が共にお題目の救いに浴することができたのは、お嫁さんが起こした交通事故がもとでした。不幸な出来事も法華経の精神《こころ》をもって生かせば、ことごとく仏さまのお導きとして受け止められるはずです。

日蓮聖人の信徒の中に、夫が自分の信心に理解を示してくれない女性がいました。ところがその夫は自身が病になったことがもとで信心に励むようになりました。その女性に送られた日蓮聖人のお手紙が残っています。その中で日蓮聖人は、

「あなたのご主人は病によって仏さまの教えを求める心が芽生えましたね。今回の病は仏さまのお計らいだったのですよ」(『妙心尼御前御返事《みょうしんあまごぜんごへんじ》』)

と述べておられます。

仏さまは私たちが仏道を求める契機をつくり、常に様々な手段を用いてお導きくださっていることを知ります。

✤ 信心で変わった風貌

ある年の秋、中年の男性から電話が入りました。仏さまに手を合わせる時の純粋な姿

に私がいつも感銘を受けてきた人です。その電話は、

「今日、大学病院でベテラン医師から『我ながら神がかりだったとしか言いようがありません。今後あなたと同じ状態の患者さんを診る機会があっても、こんなに小さな食道癌を見つけられる自信はありません』と言われたのです。お題目のおかげとしか思えません。ありがたかったです」

という内容でした。

こんなとき「信心をしているのになぜ癌になるの？」と疑問を呈するのが普通かも知れません。でも彼の場合は逆でした。仏さまへの感謝をもって病気を受け入れたのです。日ごろの信心の成果と言えましょう。

特に私の心に響いたのは、そのあとの報告でした。それは、

「先ごろ妙佳さんから『この医師は仏さまが私のために遣《つか》わしてくださった使者と思って治療を受けると良い』と言われ、さらに『このたびの手術が今後の医学の教材として役立つように、との思いで手術に臨んでください』とも言われたので、あの時はその心

持ちで手術室に向かっていました。おかげさまで手術に対する不安は全くありませんでした」

という内容でした。電話を切ったあと、私は心の中で「ご立派!」と彼に拍手を送り、思わず合掌してお題目を唱えていました。

こうした彼の心が仏さまに通じた結果でしょうか。そのあと彼と会った時には我が目を疑いました。彼の風貌が以前と大きく変わっていたからです。体重が十キロも減ったのに、風格が増して逆に大きく見えたのです。真面目で純粋な信心がもたらした成果に違いありません。老いた母親は「あの子は病気をしてから気遣いが増し、とても優しくなった」と言っていました。彼にとって、今回の病は仏さまのお導きだったに違いありません。

「法華経は仏さまがご自分の本心をそのまま明かした教えだから、その法華経を心より信じる者は、仏さまの御心と通い合い、心持ちも行いも自ずと正しくなっていく」(『随《ずい》自《じ》意《い》御《ご》書《しょ》』など)

という日蓮聖人のお言葉を彷彿《ほうふつ》とさせた今回の経緯でした。

術後の経過も良好で、退院の数日後には職場に復帰し、正月明けには彼にしかできない地方での重要な仕事を無事に務めることができたとのことです。

✤ 圧迫骨折が教えてくれたこと

腰に激しい痛みを覚えて緊急入院したことがありました。レントゲン撮影では原因を特定できず、ＭＲＩ検査で腰椎《ようつい》の圧迫骨折と判明し、その場で入院しました。病床で点滴を受けながら痛みに耐えるしかありません。医師から絶対安静と言われ、入院後しばらくの間、不動のままジッと病室の天井を眺めるのみでした。

この激痛のおかげで、次に記す五つの事柄を学ばせていただきました。

(1) 自然治癒力と身体からの要求

その一つは「身体は時間を掛けてみずからを治そうとする不思議な力を有し、その力を発揮するために必要な行動をするよう求めている」ということです。

腰が痛み始めてから完治までの経過を振り返ると、身体はその時々の状態にふさわしい動きをするよう私たちに訴えていることに気づくのです。身体は回復の度合いに合わせた動きを要求している、ということです。その要求にかなう行動をしていれば〝身体の異常は時間の経過とともに自然に元の正常な状態に戻っていく〟という事を実感したのです。〝痛み〟というものは、身体の動きを程よく調節するために不可欠なものだったのです。

もちろん、病や障害のレベルが自然治癒力の限界を超えていれば、手術や投薬などの医療行為が不可欠ですが、それとても、自然治癒力を補佐する役割が中心ではないかと思うのです。私たちは物事の解決を焦りがちですが、事と次第によっては〝自然の成り行きに任せることも大切だ〟ということを学びました。

（2）生命の神秘と仏さまの智慧

右の事柄に関連し、さらに感動したことがあります。それは、あらゆる生き物が生まれながらに自然治癒力を備えているなど、「すべての生き物は素晴らしく設計されている」ということです。誰がこんなに素晴らしい生命の設計図を作ったのか、その設計図に基づく製造方法を誰が考え出したのか、ということです。考えれば考えるほど不思議に思えてなりません。「生命の神秘」と言うほかありません。これは人知を超えた仏さまの智慧としか思えません。私たちは神秘に満ちた身体とともに「仏さまの智慧によって毎日を生かしていただいているのだ」という認識をさらに深めました。

（3）日頃の備えの重要性

さらに学んだことは、「平素より〝いつ何が起きても不思議はない〟ということを念頭に置いて行動しなければならない」ということでした。このことは災害の備えに関わる事柄はもちろん、他の様々な事柄にも言えます。

腰を痛めた時、私の『まんだら』誌の原稿を締切りの直前になって書き始めたために、絶対安静の中、夫の協力を得てやっと完成させる破目《はめ》に陥りました。「備えあれば憂いなし」と言いますが、そのことを切実に痛感しました。

(4) 身体の各部位に感謝

このたびの激痛で身体をまったく動かせなくなったことで、「腰は身体を日々支えてくれている重要な部位である」ということに気づきました。腰の故障による不自由さを味わったことで、そのことを再認識したのです。六十年余りにわたり、日々欠かさず私の体重を支え続けてくれた腰に対し、改めて感謝するとともに、これまで感謝の薄かったことを反省した次第です。このことは腰だけでなく、身体すべての部位にも言えます。各部位にどれほどお世話になり続けてきたことか計り知れません。そのことを今回の病で気づかせていただきました。

(5) 重要な決断を促してくれた激痛

最後にもう一つ、付け加えておきたいことがあります。それは、この圧迫骨折が夫に大きな決断を促してくれたことです。

夫は「この素晴らしい法華経と日蓮聖人の教えを多くの人に伝えたい」との思いで、長年にわたり月例勉強会を続けてきました。対象者別の開催だったことや参加人数の関係で、その数は月に四回。資料作りに加え、講演会の講師を頼まれるなど布教所の活動以外の仕事も増し、多忙な日々を送っていました。

そんな夫にはもう一つの大きな願いがありました。それは「この尊い法華経・日蓮聖人の教えを後世の人たちに書き残したい」との思いでした。でも多忙で執筆に入ることができず、焦りが募っていました。私の腰に激痛が走ったのは丁度その時期だったのです。

勉強会に向けての様々な準備をしていた私です。その私が入院したことで、勉強会を休まざるをえませんでした。〝休講した今こそ執筆に入るタイミング〟と確信した私は、夫に勉強会の終了を提案しました。十八年間、一度も休まなかった勉強会です。夫はかなり迷っていましたが、まもなく私の意を受け入れ、終了の決断をしました。

その結果、夫の長年にわたる願いが実を結び、出版に至ったのです。私の圧迫骨折は仏さまの手立てに違いありません。

✤解雇によって得た〝さとり〟

派遣会社に登録し、これまで多くの会社で働いてきた女性が来訪した時の話です。彼女は責任感が強く、自分の仕事ぶりが派遣会社の評価につながるとの思いから、仕事を家に持ち帰って深夜まで頑張るなど、懸命に働いてきました。

その彼女、さまざまな会社を見てきただけに、派遣先の会社のやり方に気になることが多々あったようです。会社のためを思って是正を提言したこともありました。ところがその提言が災いし、周囲の誤解を招いて退職を余儀なくされたことが幾度かあったそうです。

起業したばかりの会社に入社したところ、若い正社員との二人部屋が与えられたとのこと。同室になった社員は上司の前ではオベッカばかり、ところが彼女と二人だけになると態度が一変し、会社への迷惑を考えずイイカゲンな仕事に終始しているそうです。

その事がもとで生じる悪い結果はことごとく彼女の所為にするとのこと。これには耐え難い憤りを感じたと彼女は言います。

当人と会社のためを思い、その社員に思い切って忠告したところ、そのあと上司から「あなたは派遣の身分なのに」と言われ、解雇されたそうです。

産声をあげたばかりの新しい会社の発展を願い、真剣に仕事に打ち込んでいただけにショックが大きかったと彼女は言います。これまでも派遣という立場の悲しさを幾度となく味わってきた彼女でしたが、今回の落胆はこれまで以上に大きく深刻なものでした。しばらくの間、まったく働く気になれなかったそうです。

数か月を経てようやく気持ちの落ち着きが見え始めた頃でした。彼女の脳裏に自己反省の念が湧いてきたのです。彼女は言いました。

「振り返ると、これまでの私は周囲を批判の目で見ることが中心で、自身を見る目に欠けていました。周囲に対する私の言い方がキツかったことにも気づきました。周りに嫌な思いをさせたことが多かったと思います。自分を改めることが先決だったのですね。

いま反省しています」

と。その結果、ようやく働く気持ちになり、現在、勤めている会社に入社することができました。今の会社では、これまでのキャリアが認められて経験を生かすことができるだけでなく、時間の余裕も生まれて主婦業との両立がしやすくなったとのことです。彼女は「今は楽しく働かせてもらっています」と言っていました。さらに彼女が私に言ってくれたことは、

「多くの職場を経験してきたおかげで様々な勉強をさせていただきました。特に今回の解雇は私にとって良い勉強になりました。自分を変える契機を与えてくれたからです。その時は気づきませんでしたが、いつも妙佳さんが言っているように、これまで味わってきた楽しかった事もつらかった事も、みんな私にとって必要なお釈迦さまの手立てであり、お釈迦さまのお説法だったのですね。今回の解雇もお釈迦さまのお導きと思っています」

と、うれしい報告でした。

彼女のこれまでの性格を考えると、よくここまで素直な気持ちになれたものだと感心しました。

私は「仏さまのお導きに気づくことができて良かったわね。これからも素直な気持ちで仏さまに感謝し、お題目を唱えてね」と言ったあと経本を開き、『法華経』の中の一節を示しながら彼女に話しました。それは、

「諸《しょ》有（もろびと）の、功徳を修し、柔和にして質直《しちじき》（すなお）なる者は、すなわち皆、わが身ここに在って法（おしえ）を説くと見る（諸有修功徳　柔和質直者　則皆見我身　在此而説法）」（第十六章「如来寿量品《にょらいじゅりょうほん》」）

という経文です。私はこの経文の意味を、

「善い行いをして功徳を積み重ね、我執や怒りなどの気持ちが抑えられて柔和な心になれた者は、私（お釈迦さま）の教えを素直に受け入れられるようになることだろう。そのようになれた者は、自分の傍らで私が仏法（おしえ）を説いていることに気づくはずである」

と理解していることを彼女に伝えました。

✤見事な連携プレー

大正生まれの老夫人Hさんは、近ごろ足の衰えが目立ちはじめ、行き付けの美容院の入り口で転倒して大腿骨を骨折しました。

そのとき偶然、美容院のスタッフが二階の窓からHさんが転倒した瞬間を見ていたのです。このスタッフはHさんが自分で動かなくて済むよう急いで店から椅子を持ち出し、Hさんを座らせました。直ちに救急車を手配するとともに、店の常連客でHさんの友人でもあるRさんに連絡したのです。連絡を受けたRさんはHさんの子供たちへの連絡を済ませて美容院に駆けつけ、救急車に同乗して病院へ向かったとのこと。まもなく子供たちも病院に到着し、母親に付き添うことができました。

こうした周囲の人たちによる適切な行為が功を奏し、骨折した個所に負担をかけることなく、大事に至らずに済んだのです。手際よい見事な連携プレーが生んだ成果でした。到着した病院は、かつてHさんが世話になったことのある大学病院でしたが、整形外科の手術は一か月待ちの状態でした。ところがこの時、たまたま本人が希望する一人部屋が一つ空いていたこともあり、運よく一週間後に手術を受けることができました。

Hさんは仏壇でのお題目と写経を日々欠かすことのない熱心な信仰者です。今回の経緯は、仏さまが彼女の周囲を動かしてくださった結果であり、周囲の人たちが〝仏さまの使い〟として動いてくれた結果とも受け取れます。

Hさん親子の姿を見ていると、日常における信心の大切さを感じます。日頃の信心と心掛けによって、お釈迦さまとつながりながら生きることができるからです。読者の皆さまも、お釈迦さまに通ずる信心に励んでいただきたいのです。それにより、お釈迦さまが皆さんの周囲を動かしてくださるに違いありません。

日蓮聖人は、物資の乏しい身延山に食物や衣類などを届けてくれた人がいると、その人に感謝するだけでなく、「この人はお釈迦さまのお使いに違いない」とか「お釈迦さまがこの人の姿になって私を助けてくださったのだ」などと、お釈迦さまに対してても深く感謝しておられます。

このHさん、かつて上流社会の人を客とする料亭の経営者で、入院する際の病室は必ず一人部屋でした。病室には様々な人が訪れて、交代でHさんの世話をしていました。私も何度かお見舞いに行きましたが、いつも多くの見舞客が居てにぎやかな病室でした。

手術は無事に成功し、高齢にもかかわらず医師が驚くほど快復が順調で、間もなくリハビリ付きの病院へ転院することになりました。そのとき二つの病院を紹介され、どちらにするかの選択を迫られました。一方は建物が新しく立派で病棟内がきれいなS病院、もう一方は建物が古く、病室が暗くて狭いだけでなく、一人部屋のないK病院でした。しかしK病院の方は執刀した主治医との連絡が密にできるとのこと。周囲の人たちはこぞって「狭くて暗い病室は社長にふさわしくない」とS病院を勧めていました。

でも私は「たとえ暗く狭くても、主治医との連携がとれるK病院の方が良い」という思いと、「上流社会しか縁のなかったHさんが庶民と接することのできる良い機会になる」という思いとが重なり、秘かにK病院の方を望んでいました。私の思いが通じたのか、Hさん親子は周囲の意見を退けて見栄えの劣るK病院を選びました。

古くて狭い二人部屋の病室に入り、同年齢の老女と一緒になりました。Hさんにとって初めて経験する世界です。私はこれを機に庶民の世界を知ってほしいと願っていました。

信心の篤いHさんのこと、入院中、自宅の仏壇にお経もご飯も手向けていないことを気にしていました。ところが長年にわたり家族のようにHさんの面倒を見てきた看護師がいたので、その看護師が付き添うことを条件に外泊が許されたのです。この看護師がHさんの気持ちを察し、「お盆の棚経でお坊さんが自宅に来てくれるそうです。その時には一緒にお経を読みましょうね」と、私たち夫婦が棚経で伺う日の外泊許可を申請してくれていたのです。

これまでお盆の棚経などでHさん宅に伺うと、Hさんは必ずこの看護師を含む多くの知人や友人を自宅に集めていました。〝知人たちを読経に参加させたい〟との思いがあったのです。

そのとき集まっていた人たちは、社長を狭く暗いK病院の病室へ戻すことは忍びないと、別の病院に移るよう子供たちに説得していました。Hさんが「あんな病院には戻りたくない」と言い出すのではないかと心配する人もいました。

ところがHさんの口から出た言葉は意外にも「あそこは良い病院よ。リハビリも上手で気持ちがいいの。同室の人も良い人で、互いによく話をするのよ。明日には病院へ戻るわ」という言葉だったのです。日頃のHさんからは信じられない言葉でした。そこに居合わせた人たちはHさんの変わりように驚くとともに、このHさんの一言でK病院に戻ることを納得しました。このとき私は〝仏さまが周囲の人たちの心中をご覧になってHさんに言わせた言葉に違いない〟と受け取らせていただきました。

上流社会しか見てこなかったHさんです。これまでの立場上、言葉や仕種《しぐさ》や風貌などが高慢に見える側面もあったのですが、入院を機に態度も顔立ちも優しく穏やかになりました。長らくHさんの面倒を見てきた娘さんも、周囲の人たちも、Hさんの変わりように驚いていました。

すでに八十代半ば、人生の終盤を迎えたHさんです。このたびの彼女の変化に接し、仏さまが人生の仕上げ段階で庶民の社会を見聞するチャンスを与えてくださったものと思いました。怪我や入院のような不幸な出来事も、信心をもって生かせば仏さまの手立てです。今回のことも、Hさんの信心がもたらした成果と思っています。何年後か分かりませんが、やがてHさんはお釈迦さまから優しく迎えられることでしょう。今回の経験は、恐らくそのための準備だったに違いありません。

退院してからHさんが歩けるようになると、子供たちに連れられて私たちの布教所を訪ねてくれました。まず仏さまの前で感謝のお題目を唱え、そのあと私たちに、

「怪我をした日、周囲の皆さんが適切に動いてくれたのは、その場にいた人たちを仏さまが動かしてくださった結果だったのですね。ありがたいことでした」

と感謝していました。法華経の精神が身に付いたものと思い、うれしくなりました。

第三章

慈しみ・敬い・感謝、そして使命感

✣我が子は〝仏さまからの預かりもの〟

親の希望で東大を目指していたものの、受験に失敗してから自宅に引き籠もってしまった青年との出会い。父親を亡くした際、母親に説得されて家業を継いだものの、家業が嫌で酒に溺れていた時に、「悪いのはあなたではなくお酒よ」と自分を溺愛してきた母親も亡くし、ますます酒乱に陥ってしまった人との出会い。これまで何人かの人に接し、つくづく感じたことがあります。それは過保護や無関心など、家庭教育のあり方の問題です。

私たちは世間体を気にするあまり、自分の都合で子供を育てがちです。それは我が子を自分の所有物と勘違いしているからではないでしょうか。だから我が子が自分の思いどおりにならないと感情的になってしまうのです。子供にだって個性があり、人格があります。すべて親の思いどおりになるわけがありません。
他人の子供の事なら冷静に見ることができても、我が子の事となると有頂天になったり沈み込んだりと心が揺れ動きます。たびたび目にする親の姿です。このことが問題だと思うのです。

自然界の営みは、人間の知恵をはるかに超える神秘に満ちています。生命の誕生もその一つです。僅か一つの卵細胞が受精すると細胞分裂を開始し、精密で複雑な構造を持つ五臓六腑が見事に完成していきます。人知を超えた世界です。このことは、私たちは仏さまの智慧《ちえ》によって世に送り出されたことを意味します。我が子の誕生も同じことです。

ここで読者の皆さまに提案があります。我が子を〝自分のもの〟ではなく、〝仏さまからの預かりもの〟であり、〝社会からの預かりもの〟と思ってみてください。一人前に育て上げるまでお預かりし、そのあと社会にお返しをし、仏さまにお返しすること、これが子育てだと思えば過保護や過干渉にならず、感情的にもならず、子供を冷静に見ることができると思うのです。子育ては〝仏さまから託された尊い仕事〟と自覚すべきです。我が子の生命は仏さまからの授かりものなのですから。

つまり、子育てにとって大切なことは、〝我が子を自分の都合に合わせる〟のではなく〝仏さまが望まれる人格に育てる〟ことだと思うのです。正しい判断をもって物事に対処し、世のために役立つ人に育てることです。

子供を一人前に育て上げるまでの親の苦労は、時間的にも経済的にも大変であるばかりでなく、体力的にも精神的にも大変です。しかし苦労の多い子育ても、仏さまから与えられた尊い修行と思えば乗り越えやすくなります。ぜひ試みてください。

多くの人は、子育てによって慈愛と忍耐が鍛えられます。子育てをとおして子供から学ぶことが沢山あります。私もそうでした。そのことを考えると、子育ては確かに〝親の成長のために仏さまから与えられた尊い修行〟と思えてきます。

逆に我が子に対して不干渉や無関心な親も見られます。このような親は、仏さまから託された尊い仕事を放棄している無責任な親です。最近、自分の事ばかりに夢中になって、子育てを放棄しているかに見える人が増えてきました。気になります。

子育てをするにあたっては、我が子を、

- 自己中心の心を抑え、広い心で周囲を思いやることができる人
- 不満の心を抑え、すべての物事に感謝できる人
- 好悪《こうお》の念なく、すべてに対して偏りなく平等に見ることができる人
- 周囲を軽蔑しない人
- 仏さまを敬い、正しい道理を求めて生きる人

という、理想の人格に近づけることを目標としたいものです。これが仏さまからの要請と思うからです。混乱の時代、今後、このような人格の育成が一層求められるのではな

いでしょうか。

子育ても、信心をとおして仏さまの智慧を頂きながら、仏さまと共に進めることができれば最高です。

✤お盆やお彼岸に思うこと——日頃の行いが回向となる

生活が苦しかった亡き両親は、私たち子供を育てるために早朝から夜遅くまで必死に働いていました。毎年、お盆やお彼岸の時期を迎えるたびに、日ごろ所用に追われて忘れがちな両親のことを思い出します。

普段、私たちは先祖などへの感謝を忘れがちです。この時期ぐらいは意を新たにし、亡き人への感謝をもって回向《えこう》しなければいけないと思うのです。回向とは、自分の善き行いがもたらす功徳を周囲に回《めぐ》らし差し向けることです。回向は感謝や慈しみの心によってこそ、相手に通じるはずです。

恩を受けてきたのは親や先祖だけではありません。法華経と日蓮聖人の教えによれば、すべての生命は個別の存在ではありません。互いに関わり合い、互いにつながり合い、互いに備わり合って、すべては一体なのです。このことは、私たちは毎日〝あらゆる存在の恩恵を被りながら生きている〟ということを意味します。

私たちは今日《こんにち》の文明を築いてくれた過去の人類の努力や辛苦の〝おかげさま〟を被りながら毎日を生きているのです。また貿易その他さまざまな面で世界中の人々とつながりながら生きています。それだけではありません。私たちが生き続けるためには、食べ物となる動物や植物のおかげ、空気のおかげ、水のおかげ、大地のおかげ、太陽のおかげ、挙げていけば切りがありません。私たちは〝あらゆるものからの恩恵（おかげさま）〟を常に被りながら生きていることに気づきます。法華経と日蓮聖人の教えを「なるほど」と合点します。

これら無数の〝おかげさま〟がなかったら、今、この文を読んでいるあなたは世に存在していません。このことは、これらすべての存在があなたの生命の中に宿り、あなたは無数のものとのつながりの中で毎日を生きていることを意味します。したがって、あなたの善い行いも悪い行いも、全体の行いとなって際限なく広がっていくのです。

私たちが善い心持ちで善い行いに励めば、その功徳はおのずと周囲に回るはずです。〝日常の行いが回向になる〟ということです。

その逆も言えます。僅か一人の犯罪がもとで、社会が不安に陥ることがあります。好むと好まざるとに関わらず、罪も回向されて限りなく広がってしまうのです（「回向」は善行の場合のみに用いる言葉ですが）。私たちの命は自分だけの命ではありません。すべてとつながっている責任ある命です。

「自分は全ての存在と一緒に生きているのだ」という事実を知れば、すべてに対する「おかげさま」の心と、すべてを他人事《ひとごと》にできない慈しみの心が育つはずです。

また「自分の命はすべてと一体だから、自分の行為は自分だけにとどまらず全体の行為となって限りなく回る」という事実を知れば、「正しく生きなければ」という自覚と責任感が生まれ、自己を戒めるようになりましょう。こうした心持ちが回向の源となり、先祖や縁者を救いに導くことにつながります。

お釈迦さまが私たちに残してくださった法華経の教えを頂き、日蓮聖人が残されたお題目を唱え、お釈迦さま・日蓮聖人の御心《みこころ》にかなう正しい生き方に励めば、亡き人も含め、どんなに多くの人々や自然界が救われることか。信心の功徳は周囲におのずと回向され、限りなく広がっていくからです。その功徳の大きさは計り知れません。仏さまのみご存じです。

✣ 教えを学び、身に付ける功徳

母親の信仰を理解せず、仏壇に手を合わすことがなかった娘さん。ある日のこと、母親が仏壇の前でお参りをしていると、後ろから「私にもお線香をあげさせて」と言い出しました。さらに「お経文《きょうもん》の意味を知りたい」とも。

この母親、それまで「これが正しい信仰である」と信じ、ガムシャラに信心を続けてきました。その結果、娘さんの理解を得られなかったのです。「こんなに一生懸命に信心をしているのも、家族の幸せを思ってのことなのに。なぜ？」と嘆くことも度々でした。

ところがこの母親、私の夫が説く法華経と日蓮聖人の教えに接したことで、励んできた信仰の誤りに気づき、反省の日々となったようです。それまではたたりを恐れることが信心の中心でした。私たちと出会って以来、仏さまの教えにかなう自分になるよう心掛けたとのことです。

そんなある日、母親が耳にしたのが「最近のお母さん、ずいぶん変わったわね」という娘さんの言葉でした。それに続く言葉が右に記した「お経文の意味を知りたい」という言葉だったのです。今では家族の理解が深まって皆が一つにまとまり、明るい空気に包まれているようです。

たびたび述べてきたことですが、生きている人に対しても、亡き人に対しても、動物や植物に対しても、物に対しても、すべてに対して「幸せになってね」と慈しみ、すべてを軽蔑することなく敬い、すべてに対して「おかげさま」と感謝する、このような周囲を思いやる広い心こそ、法華経・日蓮聖人が私たちに望んでおられる心だと思うのです。それによって、おのずと謙虚さが身に付くとともに忍耐力も育まれます。この母親は仏さまの教えを知ったことで、その教えを身に付けて自分のものにしようと励んだのです。立派です。

生き方を仏さまの教えに合わせようとする努力の中にこそ、真実《まこと》の信心があると言えます。それによって自分が変わり、周囲が変わり、周囲も自分も共に救われる、これが信心の功徳です。そのことをこの家族が実証してくれました。

✤ あなたの命はみんなの命——幸せは周囲と共にある

それぞれに深い事情があるにせよ、このところ身勝手な欲望や感情から簡単に人の命を奪う事件が後を絶ちません。命とはそんなに軽いものなのでしょうか。命というものをそんなに粗末に扱ってよいのでしょうか。

私たちはこの世に生を受けて以来、無数の動物や植物を食べることで命を保ってきました。このことは、今までに〝無数の命を頂戴してきた〟ことを意味します。「いただきます」と言ってから食べる理由はそこにあるのでしょう。食物だけではありません。今の自分があるのは、育んでくれた両親のおかげはもとより、学校で、職場で、地域で、その他さまざまな場で巡り合ってきた無数のご縁のおかげです。それら無数のご縁の一つ一つもまた、他の無数のご縁に支えられて存在しています。このように縁から縁へと限りなく広がり、直接的にも間接的にも無限の縁に支えられることで、私たちは毎日を生きているのです。

したがって、自分の命は自分だけの命ではありません。私たち一人一人の命は限りない広がりをもった尊い存在であることを認識すべきです。一見、小さく見える私たちの命ですが、そこには無限の〝おかげさま〟が内在しているのです。「おかげさま」は漢字で記すと「御陰様」です。この言葉は私たちが「見えない陰の力に支えられて生かされている」ことを意味します。「生きている」とはこういうことなのです。

無限の〝おかげさま〟に感謝しながら自分の命を周囲のために生かすこと、これが私たちに課せられている使命と考えます。〝全体による自分〟は〝全体のための自分〟でなければならないからです。

「人も動物も植物も物も、すべての存在が自分の中に宿っているのですよ」とは、法華経が説く重要な教えの一つです。このことは逆に、「自分はすべての存在の中に宿っていく」ということも意味しましょう。つまり〝すべてのものは互いに宿り合いながら存在している〟ということです。私たちは無数の存在と命を共有しながら生きているのです。

したがって、周囲の行為が自分の行為となって、自分の人生に影響を及ぼすとともに、自分の行為が周囲の行為ともなって、善くも悪くも周囲に影響を及ぼします。だから身勝手な行為は許されません。

自分の命を粗末にする行為は、同時に自身に宿る無限の命を粗末にする行為です。逆に周囲の命を粗末にする行為は、自分の命を粗末にする行為ともなります。すべては共生しているのですから。

法華経が説く教えは、すべてに対する「おかげさま」という〝感謝〟の教えであり、すべてを「他人事にしてはならない」という〝慈しみ〟の教えであり、「周囲のために役立ちなさい」という〝報恩〟の教えでもあるのです。これらの教えを突き詰めていくと、「仏さまの教えを携えて、良い社会を築くために役立ちなさい」という〝使命感〟を私たちに求めている教えであるとも理解できます。

いずれにしても、「自分さえ良ければ」という自己中心の狭い心を抑え、周囲を思いやり、全体を思いやる、こうした広い心を育てる努力を私たちに要請している教え、これが法華経です。「幸せは周囲と共にあるのであって、単独での幸せはありえない」ということです。このことは、「自分の命を大切にし、周囲の命を大切にし、すべての命を大切にしなさい」ということを意味します。「世界がぜんたい幸福にならないうちは個人の幸福はありえない」とは、熱心な法華経の信奉者として知られる宮沢賢治の言葉です。

冒頭に述べたように、このところ自他の命を軽視する出来事がしばしば報道されています。そのような今だからこそ、自他の命を大切にすることを説く法華経の普及が望まれます。法華経の説く精神を身に付け、それを多少とも実践しようとする努力、この尊い教えを分に応じて周囲に伝えようとする努力、これが自他の命を最高に生かす行為と信じます。

✤ 後世に伝えたい〝合掌の文化〟

善良な老人を巧みにだます振り込め詐欺や子供による凶悪な犯罪など、昔には考えられなかった事件が続発しています。これには様々な要因があるのでしょうが、その一つが宗教心の欠如だと思うのです。宗教心の低下に伴って〝合掌の心〟が薄らいできたからです。

ある人から聞いた話ですが、お姑さんの介護に疲れている時に、そのお姑さんから合掌しながら「ありがとう」と言われた瞬間、疲れがスッと抜けて優しい気持ちになり、「また頑張ろう」という気持ちになったとのことです。同じ「ありがとう」でも、言葉だけの「ありがとう」と、合掌を伴う「ありがとう」とでは、確かに受け取る側の気持ちが異なります。そのわけは〝合掌は、その形の中に感謝と敬意の心が内在している〟という共通の認識を、すべての人が無意識のうちに祖先から受け継いでいるからだと思うのです。

合掌は仏教国日本における尊い文化でした。最近、宗教心の低下に伴い、日常生活から〝合掌の文化〟が消えそうです。残念です。核家族化に伴って、こうした文化の継承が困難になったことや、家庭から仏壇が消えつつあることも、その要因の一つではないかと思うのです。

もちろん、そのことが理由のすべてではないにしても、このような文化の衰退とともに犯罪が増えてきたのも事実です。「仏壇がある家庭より仏壇のない家庭の方が非行化した青少年の割合が多い」というデータを目にしたことがあります。

私が子供だった頃は、ほとんどの家に仏壇がありました。生家の先祖の位牌や生みの親の位牌が嫁入り道具の一つだった時代もありました。朝、起きたら、まず仏壇の前で手を合わせる、これを済ませなければ朝食を頂かない。こんな光景もあまり見られなくなりました。

お釈迦さまは『法華経』の中で語っておられます。

「あなたがどこに居ようとも、常に私はその場に在って、あなたに慈しみを注いでいるのだよ」（第十六章「如来寿量品《にょらいじゅりょうほん》」）

と。私たちは仏さまのご慈悲に包まれながら毎日を生きているのです。そしてまた、私たちの生命は先祖なくしては存在せず、先祖あっての自分です。だから仏さまや先祖と無関係に生きている日などありえません。

自宅に仏壇のない方は、これを機に設置を検討してください。今は洋風の家にマッチした仏壇もあり、狭いスペースに設置しやすい仏壇もあります。

仏壇中央の最上段に御本尊（仏さま）を安置し、その下の段に先祖の位牌などを置き、仏壇に向かって合掌してお題目を唱える、こうした習慣を日常化したいものです。その姿を子供たちに見せることで〝合掌の文化〟を次世代に伝えていかなければなりません。このことが犯罪の減少にもつながると信じます。

みんなが互いに〝合掌の心〟でつながり合ったら、どんなに素晴らしい世の中になることか。合掌は相手に対する敬意と感謝の表現なのですから。

家族が食卓で合掌をしてから食事を始めるテレビドラマの光景や、合掌してから食事をする幼稚園や学校の映像を目にすることがあります。そうした光景は飲食店でも時おり目にします。かつて当たり前だった光景に接し、ホッとします。

✤常不軽菩薩の精神に学ぶ

法華経に登場する常不軽菩薩《じょうふきょう》という人は、出会う人すべてに対して丁寧に合掌し、そして敬いました。いかなる人に対しても軽蔑することがなかったことから、いつしか周囲が「不軽（かろしめない）」と呼ぶようになったのです。法華経の教えでは〝仏さまの教えを信じる心〟が基本ですが、たびたび述べてきたように〝自己中心の狭い心の抑制〟と〝慈しみや感謝といった広い心の奨励〟も法華経が教える基本です。

最近、周囲に対する気配りをせず、携帯電話やスマホを操作しながら歩いている人を多く目にします。先日もスマホを操作している若者が、足をかばいながらやっと歩いている老人にぶつかりそうになり、「危ない！」と思った瞬間、すでにぶつかっていました。老人はよろけ、危うく転倒するところでした。「すみません。大丈夫ですか」と声をかけると思っていたら、その若者は謝るどころか逆に「老人が邪魔」といった態度で通り過ぎていきました。

たまたま同じ日、スマホを見ながら歩いていた男性の足が、前を歩く人のキャスター付きビジネスバッグに触れたところを目にしました。そのとき男性は前の人に怒鳴っていました。

七十代になった私は、若者の親切な態度に触れて感動することが多くなったとはいえ、このような自己中心の人が増えていくとしたら、将来どんな世の中になることかと考えさせられた一日でした。

道義心に関わるこうした問題は、宗教以前の基本的モラルであるとはいえ、やはり法華経の正しい信仰が広がることを望まずにいられません。みんなが法華経の教えを頂くことで、感謝と慈しみをもって物事を正しく見、正しく思考し、正しく行動すれば、どんなに住みよい社会になることか。そのようになることを願ってやみません。

法華経は好悪や差別の心を抑え、すべてに対して平等に慈悲を注ぐことを教えています。お互い、常不軽菩薩の「かろしめず」から法華経の心を学び、その心を次世代に伝え残したいものです。

✤台風で知った仏さまのお導き

二つの台風による浸水を、危うく免れた世田谷区に住む女性の話です。

周囲の家は道路と同じ高さの土地に建てられていますが、その家だけは地形の関係で道路より一メートルほど低い土地に建っているのです。私がその家を訪ねた時、道路と敷地の間に設置されている溝が目に入りました。道路の雨水が家に侵入するのを防ぐための排水溝です。

ある日のこと、普段やっていない行為なのに、その日に限って彼女のご主人が風呂水を道路に流したそうです。そうしたら、その水が排水溝に流れて溢れそうになったとのこと。これでは排水溝の意味がありません。早速、専門家を呼んで調査してもらったところ、驚くことに排水溝の勾配が逆だったというのです。その日までまったく気づいていなかったとのこと。台風による豪雨が降ったのは、なんと改修工事を終えた二日後だったそうです。

彼女は言います。「もしあの日に風呂水を道路に流していなかったら、どういう事態になっていたことかと思うとゾッとします。家の中への浸水は必至でした。主人の行為は実に絶妙なタイミングでした」と。

この家では次の台風の時にも同じような経験をしています。向かいの家の木の枝が道路に食《は》み出して電線に接触していたので、東京電力がその枝を切るよう再三にわたり促したにもかかわらず、その家の人は東電の忠告を無視して応じなかったそうです。

二度目の台風が接近した日のことでした。深夜になると強風が吹き荒れてきたので、玄関先に置いてある自転車のことが気になって屋外に出たところ、向かいの家の木が根元から折れて電線に寄り掛かっていたそうです。直ちに東電に連絡し、処置してもらったので、付近一帯の停電を免れたとのことです。近隣からも東電からも感謝の言葉が寄せられたと言っていました。

こんな場合、「たまたまラッキーだった」と簡単に片づけたり、自分の手柄を吹聴しがちです。でも彼女は違います。感動しながら私に連絡してきました。「大事に至る前にお釈迦さまが教えてくださったのですね。日ごろ教わっているとおり、お釈迦さまは常に私たちを見守ってくださっているのですね。今回のことで、その教えが真実であることを実感しました。ありがたかったです」と。

彼女は二つの台風での経験をとおし、お釈迦さまの手立てをさらに深く味わったようです。彼女は法華経の教えとの縁が結ばれて日が浅いのですが、教えを学ぼうとする姿勢が素直で真剣です。


事に触れて「ありがとうございます」や「おかげさま」という心持ちでお釈迦さまに感謝していると、その「ありがとう」や「おかげさま」が、次の「ありがとう」や「おかげさま」を生みます。この連鎖によって、ますます身近な存在になるお釈迦さまです。

法華経の教えは日々の生活の中にあるのです。

✤ 言葉に宿る仏さま

ある日の夕刻、私が帰宅すると、気になっていた洗濯物が取り込んでありました。その日はなぜか、いつになく深い感謝の思いが込み上げたのです。夫に対して心の底から「ありがとう」と言ったところ、その直後から何に対しても慈しみの心が込み上げ、言うに言われぬ満たされた気持ちになりました。その時のすがすがしさの余韻は何日も残りました。

これまでも常々口にしてきた「ありがとう」の言葉ですが、その日の「ありがとう」はそれまでの「ありがとう」と異なり、特別な感情が込められていたようです。この日を境とし、夫から私への「ありがとう」の言葉が急に多くなったことでも分かります。

『法華経』に登場する常不軽という出家者は、出会う人ごとに丁寧に礼拝し、

「私はあなたを深く敬います。あなたは修行の結果、やがて仏さまになられる尊いお方ですので」

と言って敬い続けました。「常不軽」とは「常に軽しめることがない」という意味で、周囲の人たちが付けた呼び名です。

ところが常不軽から礼拝されることを不快に思い、常不軽に対して罵声や投石などを加える人が多くいました。それでも常不軽は礼拝をやめることなく続けたのです。この事について日蓮聖人は、

「常不軽は出会う人の中に潜んでいる仏さまの姿を見たのだった」（『観心本尊抄《かんじんほんぞんしょう》』）

と述べておられます。

これで分かるように、お釈迦さまの教えによれば、すべての人はもともと仏さまの生命を宿しているのです。しかし残念ながら、それを見える形に現していないのが私たちの現状です。

私に対する夫の「ありがとう」が多くなったのは、その日の私の「ありがとう」の言葉が、夫に宿る仏さまに通じた結果と思えてなりません。

●同じ言葉でも、それを語る時の心持ち次第で特別な意味を持つ

●心底から発する真心の言葉は、その言葉に魂が宿り、周囲の魂をも揺り動かす

●魂の籠もった言葉は、相手に通じるだけでなく仏さまにも通じる

今回、こんな事を再認識しました。

仏ごころから発する感謝や慈しみの言葉には仏さまが宿り、その言葉から不可思議な力が生まれるようです。このことは〝仏さまは私たちの真心や仏ごころの中に宿って活躍してくださる〟ということを意味しましょう。

ある人の一言で私の人生が好転したことが幾度かありました。いま振り返ると、その一言は私にとって仏さまの言葉です。〝その人に宿っている仏さまが私に語ってくださ

った言葉だった〃としか思えません。これは〃仏さまがその人の身を活用して語ってくださった言葉〃とも受け取れます。

ということは、当然その逆も言えるはずです。人の言葉の中には悪魔も宿るということです。

以前、上司による言葉の暴力によって自殺した人のニュースがありました。メールに「死ね」などと書かれて自殺に追い込まれる少年少女のニュースもあとを絶ちません。このように、良からぬ心から発する言葉が周囲の心を著しく傷つけることがあります。被害者の立場からすれば、その言葉の中に鬼や悪魔が宿っていると感じることでしょう。語る時の心持ち次第で、その言葉の中には仏さまが宿れば鬼神も宿るということです。

日蓮聖人の教えによれば、日頃より仏さまをお慕いしながらお題目に励んでいると、おのずと仏さまと通じ合い、仏さまの御心を頂けることになっています。その結果、自己に宿る仏さまが自分と共に語ってくださるようになり、慈しみや感謝に満ちた言葉を発するようになるはずです。

日蓮聖人は幕府に向かって過ちを指摘し、その過ちを正すよう三回にわたって進言しました。その時に語ったご自分の言葉を振り返られて、

「私が幕府をいさめた時の言葉は、三回とも私の言葉ではありませんでした。お釈迦さまの御たましいが私の身にお入りになり、一緒に語ってくださった言葉だったのです。身に余る喜びです」（『撰時抄《せんじしょう》』）

と。日蓮聖人の言動は常にお釈迦さまと一体であったことを知ります。

さらに日蓮聖人は、

「法華経は他のお経と異なって、お釈迦さまが御自分の本心を隠さずそのまま述べた唯一のお経です。だから法華経はお釈迦さまの御心そのものです。したがって、たとえ意味を理解することができなくても、法華経に触れていれば、おのずとお釈迦さまの御心を頂くことができ、善良な心が芽生えるのです。あたかもそれは、真っすぐ伸びる麻に囲まれて成長する蓬《よもぎ》はおのずと真っすぐになり、筒の中に入り込んだ蛇がおのずと真っ

すぐになるのと同じです。これと同様、法華経に触れている人は、その言葉も振舞いもおのずと正しく真っすぐになっていくのです」（『随自意御書《ずいじいごしょ》』）とも述べておられます。これは〝法華経に触れていると自然に仏ごころが芽生え、言動が正しい方向へ導かれていく〟ということを意味します。

仏さまの御心にかなう法華経の信心に励むことで、私たちの奥に潜んでいるお釈迦さまが表に出て活躍していただけたら最高です。少しでもそのようになれるよう、正しい信心に励みたいものです。そうすれば、私たちが発する言葉の中にお釈迦さまが宿ってくださることでしょう。

✤悲鳴を上げている自然界

英国BBCが製作した「アース」という映画を見ました。地球の誕生から現在までの姿を映す自然ドキュメンタリーで、さまざまな映像を駆使して地球の未来に警鐘を鳴らす内容でした。

そこには痛ましい映像が幾つもありました。その中でも取り分け私の心を痛めた映像がありました。それは、地球の温暖化に伴う解氷によって居場所を失ったホッキョクグマの親子が、何とか生きようと必死に頑張り続けるものの、その努力むなしく、親も子も死んでいく映像でした。こうした実像を見せることで、このまま放置すれば程なく北極の氷がなくなり、ホッキョクグマが絶滅してしまうと警告していました。

スイッチやコックを操作するだけで、電気やガスや飲料水などを手に入れることができる時代になりました。ショッピングセンターへ行けば、目的に応じた便利な物品を容易に入手できます。おかげで生活がとても便利になりました。これらは先人たちが心血を注いだ結果であり、感謝しなければなりません。

一方、それらの便利さと引き換えに、格差や環境問題など様々な課題が深刻さを増しました。私たち人類が便利さと豊かさを優先してきた結果といえましょう。

世界には約二百の国があるそうです。それらの国々に目を向ければ、環境破壊などに起因する飢餓や疫病、それらに付随して起こる紛争や過酷な労働問題などに悩む民族が少なくありません。もしかして、これが将来の私たちの姿かもしれません。

地球上に生物が誕生してから三十八億年ほど経過したそうです。その間に「動物も植物も微生物も私たち人類も、自然界のすべての存在が互いに支え合うことで、それぞれの種《しゅ》の存在が維持されている」という、自然界の絶妙な摂理が確立されました。私たちはこの素晴らしい仕組みと摂理によって毎日を生きているのです。この節理を環境破壊などで壊すことは簡単です。しかし元に戻すことは容易でありません。その節理の完成までに三十八億年も要したのですから。あまり操作を加えないからこそ「自然界」と言うのではないでしょうか。

私たち人類は、

- 自分たちの立場を優先し、自然界全体に目を向けてこなかった狭い視野
- 未来を予見せず、目先の便利さを優先してきた狭い視野

この二つによって、三十八億年も掛けて作り上げた尊い仕組みを操作し過ぎたようです。私たち人類は、もっと自然界全体を如実に見る広い視野と、遠い未来を見通す広い視野とをもって、物事を正しく判断してこなければならなかったようです。と訴える私自身、現代の文化的な生活の中で日々自然界を破壊している犯人の中の一人です。

時間面では目先のことに捉われず遠い過去から遠い未来までを見通すことのできる広い視野、空間面では全体を満遍なく見通すことのできる広い視野、その究極が仏さまの智慧です。

やがてこの地球上に生まれてくる人類や自然界に迷惑を掛けることのないよう、私たちは真剣に心掛ける必要がありましょう。そのためにも私たち一人一人が狭く身勝手な心を抑え、広く大きな仏さまの智慧を頂戴できるよう努めなければなりません。そのために大切なものは、何といっても仏さまと通じ合うことができるお題目です。仏さまを

敬いつつ至心に唱えるお題目によって、仏さまの御心を頂戴し、仏さまと共に行動していきたいものです。

ごみの分別や、電気や水の使い方や、移動手段の選択などは、自然保護の大切さを認識することで思いのほか面倒でなくなるものです。心に仏さまを頂けば、より楽しく心掛けることができるはずです。一人一人の小さな心掛けが重なり合うことで大きな力となり、それによって未来の地球が救われることは論を俟《ま》ちません。

現代に生まれた子供たちは、多くの資源を消費することによる便利さの中で、それが当然のように育っています。その子供たちに対し、自然に対する〝感謝〟と〝敬い〟と〝慈しみ〟の心を伝えていくこと、これが私たちに課せられた重要な役目と信じます。それだけでなく、〝仏さまを敬う心〟を伝えていくことこそが、今の私たちに課せられた大切な使命と思えてなりません。今、自然界は悲鳴を上げながら、様々な手段を用いて私たちに苦痛を訴え続けているのですから。

✤ファミレスとコンビニで若者と向き合う――忠告は慈しみをもって

ファミレスに入った時のことです。七人ほどの高校生グループが多数のテーブルに分散して店内の広いスペースを占領し、それらのテーブルを往来しながら大声でしゃべっていました。周囲への迷惑を顧みる様子がまったく見られません。他のお客さんたちはそのグループから離れた席に座り、遠巻きの状態です。

若い女子店員が「他のお客さまに迷惑が掛かりますので、まとまった席にお移りください」と言葉を掛けると、ムッとして「ほかにも空いてる席あるじゃん！」と言い返していました。店員さんが気の毒でなりませんでした。

別のテーブルに目を向けた時、さらに驚く光景を目にしました。短いスカートを履いている二人連れの女子高生の一人が、奥の壁ぎわの席に数個の椅子を並べて上向きに横たわり、股をこちら向きに開き、両足を垂らしてスマホを操作しているのです。スカートの中が多くのお客さんに丸見えです。奥ゆかしさや恥じらいが微塵もない姿に接して悲しさを覚えるとともに、常識や礼儀を知らない彼女たちがかわいそうで居たたまれなくなりました。

私はジッとしていられず、二人の席に近づいて私なりに道理を話すとともに、自分の身を守ることの大切さを必死に訴えました。しばらく反発していたものの、やがて、その彼女と一緒にいた女子高生が「すいません」と素直になり、その数分後、本人がいきなり涙をためて「これから気を付けます」と言ってくれました。ホッとしました。

その数日後、コンビニのレジ前に並んでいた時のことです。私の後ろに来た少年がいきなり「ウワー混んでル〜、別のレジも開けて〜！」と、店員さんに大声で繰り返し叫ぶのです。少年の前に並んでいた客は私を含めて二人だけ、しかも二人とも手にしている買い物の量は僅かです。その子の前が私だけになってからも叫んでいるのです。その場にいた店員は一人、どう考えても無理な要求です。私は我慢を知らないその子の行く末を思い、「私の買い物はこの一つだけだからすぐ終わるわよ。チョッとだけ待ってね」と声を掛けたところ、ようやく落ち着きました。

いずれのケースも周囲の立場や状況が見えず、自分の立場しか見えない狭い心が生んだ結果です。「注意すると怖いからソッとしておいた方が無難だ」という声を時おり耳にします。近頃のニュースや話題を思えば納得です。しかし今後の社会のことを思うと、黙って見過ごすわけにはいきません。

このたび接した若者たちのおかげで、これまで以上に確信を深めたことがあります。それは〝相手の将来を思う慈しみをもって接すれば、相手は忠告を受け入れてくれる〟ということです。「類は友を呼ぶ」という言葉があるように、〝仏ごころ〟には周囲に潜む〝仏ごころ〟を表に引き出す力があるからです。したがって、忠告する時には感情的にならず〝仏ごころ〟になっていることが肝要です。

『涅槃経』という経典には、「たとえ表面に現れていなくても、誰もが例外なく仏性《ぶっしょう》（仏さまと同じ性質）を備えている」と説かれています。周囲の仏性を引き出すのは我が身の仏性であり、お題目です。

『法華経』には「仏さまは全てのものに対し、分け隔てなく平等の慈悲を注いでおられる」と説かれ、私たちに対しても、そのような気持ちになるよう要請しています。最初に述べた、多くのテーブルを独占していた高校生グループに対しても、〝仏ごころ〟をもって注意してあげれば良かったと反省しています。

それ以降、私は一見して非行青少年のようなグループがタムロしていると、その集団に近づき、笑顔で「こんにちは。そんな格好で寒くないの？　風邪を引かないように気を付けてね」などと必ず声を掛けるようにしています。一人または数人から確実に返事が返ってきます。

「立正安国《りっしょうあんこく》」という言葉を耳にしたことがあると思います。これは「お釈迦さまがお示しくださった正しい道理を世に普及させることで社会を安穏に導く」という意味の言葉です。日蓮聖人は立正安国のために、周囲の人々に向かって言いにくいこともハッキリ言い切りました。進言の対象は権力が集中する幕府にも及びました。その時代の人々の幸せを願う気持ちはもちろん、後の世の私たちの幸せをも願う慈しみから発した言動です。

次世代を担う若者たちに対し、慈しみをもって道理を伝えていくこと、これが今を生きる私たちに課せられた重要な責務と思えてなりません。

✤幸せへ導く感謝の心

かつて友人に連れられて来訪した当時四十代だった男性のDさん、視力に多少の障害があったようですが、私と一緒に歩いている時には思いのほか歩くのが速く、不自由を感じている様子は見られませんでした。目のほかには障害がなく、元気で健康そうな人でした。

ところがDさん、弱視を理由に障害年金を受け取り、働こうとする気持ちがまったくありません。お兄さんが営む会社から度々誘われても拒否するばかり。ところがゲームセンターなどで遊ぶための浪費にはセーブがないのです。

そのDさん、口を開けば受け取る年金額に対する不満ばかり。日ごろ世話になっている人を含め、縁ある人はすべて不満の対象です。食事や生活費や住まいの事で助けてもらっている親や兄弟に対してまでも不満の連続です。障害年金をもらうのは当然で、〝多くの人たちの納税によって支えられている公金〟という意識はまったくありません。

このように、あらゆるものを不満の対象とするDさんの表情には、常に暗い雰囲気が漂っていました。

こんな事もありました。Dさんが私に、

「オレが助手席に乗っていた時、シートベルトを着用していないところを警察官に見つかって注意された。そこでオレは警察官に向かって『あんたは何も分かってないな。シートベルトをしていなかったために軽傷で済んだ事例があるのを警察官のくせに知らないのか。しっかり勉強しろ』と説教してやった」と得意げに話すのです。これには驚きました。すべてが自己中心で、感謝の心がまったく見られません。

こんなDさんが気の毒で、「何としても心を改めてもらわなければ」との思いが常に頭から離れませんでした。Dさんの将来を思い、話し合いの機会を幾度となく作ったのですが、そのつど周囲への不満の言葉ばかりで聞く耳を持ちません。私は自分の非力さを感じるばかりでした。このようになった原因がDさん自身にあるにせよ、そんなDさんが不憫《ふびん》でなりませんでした。

私が一か月ほど入院していた時のこと、つくづく感心したことがありました。過酷な労働を強いられている中での医師や看護師の対応です。

医師は多くの外来患者の診察を終えてから私たちの病棟に来て、患者たちの状態を見たり聞いたりしながら一人一人を丁寧に指導しているのです。それを終えてから手術室に向かうこともあったらしく、そんな日々の繰り返しのように見えました。

看護師たちは、異なる病状の患者一人一人に対し、それぞれに即応した世話をしながら病棟内を忙しそうに往来していました。このような多忙の中にあって、私たち患者の前では笑顔を保ち続け、不機嫌な顔を見せません。私はこうした医師や看護師の姿に接して感謝の気持ちが込み上げ、布団の中で思わず「お疲れさま」と手を合わせてしまうことも度々でした。

こうした状況の中、身勝手な態度に終始する同室の患者が一人いました。事に触れて不満を言うのです。私はその患者の様子を見て、感謝することのできる自分を幸せに感じると同時に、Dさんのことを思い出しました。

道理をわきまえず、事に当たって不平ばかりを言うタイプの人は、いつも不満顔で表情が暗く、笑顔を見ることがほとんどありません。Dさんはその典型でした。

さまざまなタイプの人の姿を見るにつけ、縁あって今この文をお読みくださっている皆さまが事に当たって感謝できるよう、お題目とともに心の訓練をしていただくことを願ってやみません。仏さまに向かって至心にお題目を唱えていると、気づかぬうちに仏さまの御心と通い合い、感謝の心が育つことになっているからです。これもお題目の功徳の一つです。ぜひ実践してみてください。

感謝は人生を幸せに導きます。不満は人生を不幸に導きます。感謝に生きることの幸せを、一人でも多くの皆さまに味わっていただきたいと思わずにいられません。

第四章 お題目の力

✤ 祈りのお題目より感謝のお題目

「ありがとう」と感謝の言葉を掛け続けた水は美しい結晶を作り、「バカヤロウ」と言い続けた水は結晶の形を壊してしまう。『水は語る』（講談社）の著者、江本勝氏は水の実験結果を踏まえ、このように記していました。水などの〝物〟ですらそうなのだから、私たちの細胞ならなおさらです。感謝されれば活力を増し、健康な細胞になるはずです。

大正生まれの信心ぶかい男性、長年にわたって足腰を酷使する仕事に従事してきた結果でしょうか。数年前より足の痛みが増し、ついに痛み止めの注射をしても杖なしでは歩けない状態になってしまいました。最近お会いした際も痛々しい姿がお気の毒でした。でも仕事を続けなければ生活が成り立ちません。

名医といわれる医師を紹介されて診察を受けたところ、「治療の方法は手術しかない。

それでも完治は難しい。手術後は逆に歩けなくなる可能性もある」とのこと。

それなら仏さまにお願いするしかないと思った奥さん、それ以来、「主人の足の痛みを和らげてください」と、仏さまにお願いする日々となりました。ところがある日、「果たしてお願いばかりの信心で良いのだろうか」と疑問を持ち始めたそうです。彼女は早速、私のもとを尋ねてきました。

そのとき私は言いました。

「こんな状態の時、仏さまにお願いをするのは当然のこと。お気持ちはよく分かります。しかし、痛いながらも仕事を続けることができる〝おかげさま〟を思い、まずは仏さまに感謝のお題目を唱えてください。さらに、八十年もの間、ずっと頑張り続けてくれた足に対しても、『ご苦労さま』といたわり、『ありがとう』と感謝のお題目を唱えながら、優しく擦《さす》ってあげるよう、ご主人に伝えてください。真心は足の細胞にも通じるはずです」

それから数か月を経たある日、その奥さんからありがたい報告を頂きました。それは、

「あの日から主人は毎日欠かさず妙佳さんに言われたとおり実行してきました。そうしたら次第に痛みが和らいできたのです。おかげさまで今では杖を使わずサッサと歩いています。お医者さんが驚いていました。私たち夫婦もビックリしています。二人で『お願いのお題目より感謝のお題目の方が重要だったのね。素晴らしいことを教えていただいたわね』と話し合っています。主人も私も感謝の気持ちでいっぱいです」

という嬉しい報告でした。

今回のご主人の病は、法華経・お題目の素晴らしさをご夫妻に示すための仏さまの手立てであったと信じ、仏さまに感謝しました。

ご夫妻に対して「お願いのお題目よりも、感謝のお題目を中心にしてください」と語ったのは私でしたが、逆にご夫妻から〝感謝の心で唱えるお題目の素晴らしさ〟を教えていただいた思いです。

✤まずは周囲の幸せを願う——純粋なお題目で消えた癌

「法華経・お題目って本当に素晴らしいですね。お題目に巡り合ったことは私の人生にとって何よりもの宝です。本当にありがとうございました」と私に語ってきたのは八十代の女性です。その彼女、かつては社長だったテキパキした人ですが、仏さまの教えを聞く時や仏さまに手を合わせる時などは、まるで幼児のような純粋な姿に変ずるのです。

彼女は病気になった人のことなど、周囲の不幸を耳にすると他人事《ひとごと》にできません。「このお題目によって、あの人が幸せになりますように」と、仏さまに向かって一心にお題目を唱えるのです。そのお題目が仏さまに通じ、おのずと〝祈り〟となるのでしょう。これまで必ず成果が現れてきました。

彼女の友人が癌と診断された際も「かわいそうだ。あの人を何とか救ってあげたい」と、ジッとしていられません。「どうか、私のお題目が良薬となって友人の患部に届きますように」とお題目に励むだけでなく、その友人の治癒を願って、『法華経』の中にある「自我偈」の写経にいそしむ毎日となりました。

そんなある日、彼女から感動の電話が入りました。「もう、ありがたくて、ありがたくて。妙佳さん、聞いてください。友人の癌がすっかり消えたのです」と。電話を通して涙が伝わってきます。それに続いて彼女が語ったのが、冒頭に記した「お題目に巡り合ったことは、私の人生にとって何よりもの宝です」という言葉だったのです。

この彼女、数年前より手首に支障をきたし、痛みに耐えながらの写経でした。彼女は言います。

「あの友人《ひと》のおかげで写経の修行を真剣にさせていただく機会を得ました。これも日ごろより『法華経は周囲と共に幸せになる教え』と、お上人ご夫妻から教えていただいてきたおかげです。手首の痛みは仏さまが与えてくださった修行と思っています」と。癌が消えた理由には適切な医療の成果があったことは明らかです。しかし、その適切な医療に恵まれたこと自体、仏さまのお導きによるものと思えてなりません。

彼女の姿を見て、〝慈しみを伴う純粋無垢なお題目は必ず仏さまに通じる〟という実感をさらに深めることができました。仏さまの御心《みこころ》は「すべてのものに真の幸せを得させたい」という慈しみに満ちています。その御心にかなうお題目であれば、必ず仏さまに通じること、疑いありません。

「自分さえ良ければ」という狭い心を抑えて周囲の幸せを願い、さらに社会全体の幸せを願う、こういう広い視野と精神をもって信心に励みたいものです。このような〝慈しみから発する願いはやがて自身に返り、周囲と共に幸せを味わうようになる〟というのが仏さまの教えなのですから。

✤お題目は身と心の良薬

一人暮らしをしている六十代の女性、Ｆさんの話をします。そのＦさん、脳梗塞を患って半身不随となり、友人に身体を支えられながら訪ねてきました。舌がもつれ、会話に苦労している様子でした。やや聞き取りにくかったものの、語る言葉はどうにか理解できました。しかし歩行は杖を用いてもおぼつかなく、見ていてハラハラする場面もありました。Fさんに会って最初に心を打たれたのは、まるで少女のように汚れのない、何ともかわいい笑顔でした。

それ以来、友人の車に乗せてもらい、月例説法会には欠かさず参加してくださいました。元来の純真さに仏さまの教えが加わった結果でしょうか。何につけても「ありがとうございます」の連続です。それだけではありません。すべての事柄に対して前向きになり、その笑顔に一層の輝きを増しました。今では言葉もかなり明瞭になり、歩行も少しずつ良くなっています。

そのFさん、最近、出先で腹部に激痛が走り、救急車で運ばれて緊急入院しました。検査の結果、「膵臓《すいぞう》に水が溜まり危険な状態で、回復には時間を要する」という診断でした。しかし本人は「自分のことは仏さまに委ねていますので心配していません」と語っていました。のちにFさんの友人から聞いた話によると、病室では常に小声でお題目を唱えていたそうです。

恐らくは、Ｆさんの純粋な信仰心が仏さまに通じたのでしょう。思いのほか早く快方に向かいました。回復状況を調べる検査をしたところ、たまたま小さな乳癌が見つかり、その場で処置を済ませたとのこと。私が見舞いに行こうとしたところ、すでに退院していました。しばらくコバルト照射を続ける予定だったそうですが、その必要がなくなり、月に一回の通院で済むようになったようです。

お盆の棚経でＦさん宅を訪れたとき、

「今回、お腹に走った激痛のおかげで、癌を早期に見つけていただくことができました。これも仏さまの手立てに違いないと思い、感謝しています。私のような拙い者でも仏さまは守ってくださるのですね。今回そのことを知ることができ、とても幸せです。お題目は本当にありがたいです」

と、いつもの笑顔で涙ながらに語ってくれました。

〝純真な心で唱えるお題目によって、物事に対する受け止め方が変わる。それによって身体も守られる〟という事実をFさんが示してくれました。
お題目は身と心の良薬です。

✤お題目による種々の蘇生

日蓮聖人は「妙法蓮華経」の五文字の中の「妙」の字が持つ意味について、「〝妙〟という文字には〝蘇生〟という意味がある。つまり〝妙〟は〝よみがえる〟ことを意味する言葉なのだ」（『法華題目鈔《ほっけだいもくしょう》』）と説明しておられます。「お題目には様々な物事をよみがえらせる力が備わっている」ということです。その幾つかの例を挙げます。

（1）右の日蓮聖人の文は、「法華経以前に説かれたお経では「成仏は不可能である」と断定され続けてきた女性や悪人や畜類だったが、これらの成仏が『法華経』で初めて認められた。このことは、すでに枯れ失せたと思われていた成仏の種が『法華経』で生き返ったことを意味する」という内容が記されている文の中での一節です。

すでに喪失しているはずの、〝悪人や畜類などの成仏の可能性〟を、再びよみがえらせることのできるお題目です。

(2)私たちが生きていく上で、すべて思いどおりになるわけがありません。楽しいこともあれば、苦しいことや悲しいことにも遭遇します。これが人生であり、これが現実です。

しかし、本書で様々な事例を紹介してきたように、お題目には、苦しみや悲しみを生かすことで、それらを喜びに転化する力があります。法華経は、プラス思考をもってすべてを生かす教えだからです。たとえ暗闇の中に在っても、そこに光を照らしてくれるお題目です。

お題目は、〝暗く沈んだ人生〟を明るくよみがえらせてくれます。

（3）今、虐待その他、さまざまな暗いニュースが溢れています。これらは共通して「自分さえ良ければ」といった〝利己主義〟や、目先の事しか考えない〝刹那主義〟が引き金になっていると思えてなりません。もとを正せば、いずれも心持ちの狭さや視野の狭さに起因していると言えましょう。

お題目には視野の広いお釈迦さまの御心と通じ合える力があります。したがって、お題目は利己主義などの狭い心を抑え、私たちの中に内在している仏性《ぶっしょう》（誰もが本来もっている仏さまと同じ性質）を表に引き出してくれます。その結果、互いに慈しみ合い、互いの存在を尊び合い、そして感謝し合う、このような広く大きな心が芽生えます。

〝活動を休止している仏性〟をよみがえらせてくれるお題目です。

（4）お題目が正しく世に広まれば、この社会が本来あるべき理想の社会になるはずです。『法華経』には「この現実世界の元来の姿は、仏さまが在《まし》ます浄土なのだ」と説かれているのですから。

お題目を普及させることで、この世界を〝本来の姿である浄土〟によみがえらせたいものです。

以上、日蓮聖人が「お題目の中の〝妙〟の一字には〝蘇生（よみがえる）〟という意味がある」と述べられたことにちなみ、蘇生に関連した幾つかの事柄を述べさせていただきました。お題目で自身を蘇生させるとともに、この社会を少しでも本来あるべき理想の姿によみがえらせるため、読者の皆さまと共に力になりたいものです。

第五章 あらゆるものに宿る仏のいのち

✤誰もが持っている仏のこころ

命を張って我が子や仲間を守ろうとする動物。自分の命を生まれてくる子供と引き換えに、全身を傷だらけにして川を必死に上る鮭《さけ》。しばしばテレビで見る映像です。なぜそこまで耐えることができるのでしょうか。それは、そうした行為の奥に、我が子や仲間たちを守ろうとする慈しみ、つまり〝仏ごころ〟があるからだと思うのです。

「生あるものは、ことごとく仏性《ぶっしょう》（仏さまの性質・仏ごころ）を宿している」（『涅槃経』）とはお釈迦さまの教えです。

このことは自然界の営みを映す映像を見て〝なるほど〟と納得します。

その一方、かつて「人を殺す経験をしてみたかった」とか、「殺す相手は誰でもよかった」と語る少年のニュースがありました。これは一体どういう事なのでしょうか。生あるものは皆、仏さまの愛子として仏さまから仏性を授かっているはずです。ニュースの少年も例外ではありません。もちろん私たちも同じです。

でも残念ながら、備えている仏性が表に現れにくいのが私たちの現状です。なぜでしょうか。それは貪欲・執着・怒り・妬《ねた》み・自己中心といった煩悩（心身を惑わす妄念）によって、仏性が覆い隠されているからです。これでは宝の持ち腐れです。残念です。

何としても、誰にも備わる隠れた仏性を引き出してあげなければなりません。それにはどうすれば良いのか。難しい問題です。一つ言えることは〝まず自分自身の仏性を磨き出すことが先決〟ということです。相手の仏性を引き出すのは自分の仏性だからです。

仮想空間の映像で殺人体験をするゲームが増えているようです。それを製造販売しているのは私たち大人です。また、欲するものが容易に手に入るようになったことで、忍耐を養うことが困難な時代にもなりました。そのような時代に育った今の子供たちは気の毒です。この「気の毒だ」「かわいそうだ」という慈しみ（つまり仏ごころ・仏性）こそが、相手の仏性を引き出す原動力になると思うのです。

道理にかなっていない人を正しい道へ導こうとすると、多くの場合、精神的にも時間的にも自己犠牲を伴い、忍耐を要します。相手のために真剣になればなるほど、逆に反発を受ける場合もあります。それに耐え切れず、こちらが途中で投げ出したらおしまいです。〝この人が自分の忍耐力と慈しみを鍛えてくれているのだ〟と肯定的に受け止めることで、苦しみを乗り越えやすくなります。これも相手の仏性を引き出す手段の一つです。

これまでの経験上、私は〝慈しみが忍耐を生む〟ということを実感しています。〝相手を思いやる気持ちがあってこそ、自分の忍耐力が鍛えられる〟ということです。慈しみが忍耐を生み、忍耐が慈しみを生みます。優しさが強さとなり、強さが優しさとなります。

信心をとおして仏さまの慈しみを我が身に頂戴し、仏さまの教えに基づく道理を身に付けることで、優しさと忍耐が養われます。救いの効果が倍増します。救いの行為を仏さまと共にさせていただくことになるからです。

日蓮聖人はおっしゃいます。「仏性は周囲の仏性によって呼び起こされる」と。皆で互いの仏性を引き出し合いたいものです。法華経と日蓮聖人の教えによれば、それぞれの仏性は個別のものでなく、すべての仏性は仏さまと共に一つにつながっているのですから。

相手が苦しみを乗り越えた時の喜びを、相手と共に味わいたいものです。

✤どんなものにも伝わる真心――お題目は草木にも通じる

ツツジの咲く時期が来るたびに、いつも思うことがありました。それは「近隣のツツジはきれいに咲いているのに、我が家のツツジは手入れをしているにもかかわらず、なぜ花が少なく寂しいのか」ということでした。毎年、我が家のツツジがかわいそうでなりませんでした。ところが状況一変の時が訪れたのです。

数年前より、出掛ける時や帰宅時など我が家の玄関前を通るたびに、庭木に向かって「おはよう」「行ってきます」「ただいま」「今日は寒かったでしょ、頑張ってね」「心を和ませてくれてありがとう」などと、お題目とともに声を掛けるようにしました。

その翌年のことです。どのツツジも花をいっぱいに咲かせたのです。花に隠れて葉がほとんど見えないほどでした。ところ狭しとスペースを争うかのようで、それまで見たことのない咲き振りでした。ツツジだけではありません。どの木も前年までになく多くの花を咲かせたのです。一度も咲いたことのない木まで咲いたのには驚きました。

その姿に接した私は、思わず木々に向かって合掌し、「咲いてくれてありがとう。お参りに来る皆さんに喜んでもらえて良かったわね」と語り掛け、お題目を唱え続けていました。それ以来、ずっと庭木に声を掛けるようにしています。その結果、毎年、見事に花を咲かせています。

「植物にも喜びや悲しみといった感情がある。私たちの心や言葉は植物にも伝わる」という事実を目の当たりにしました。

前述のとおり、私は江本勝氏の著書『水は語る』を読んで感動しました。同じ場所で採取した水を二つの容器に入れ、一方には「ありがとう」と声を掛け続け、もう一方には「バカヤロー」と声を掛け続けたところ、前者は美しい形の結晶をつくり、後者の結晶はグシャグシャに壊れてしまったそうです。また阪神大震災の直後、バラバラに壊れていた被災地の水の結晶が、人々の心が落ち着きを取り戻すとともにきれいな形を作り出していったとのことです。これらが写真とともに紹介されている本でした。この写真が真実だとすれば、水は人の心の内面まで察知する、ということになります。スゴイことですね。

これらの事実からすると、〝水をはじめ、すべてのものは生きている〟ということになり、さらに〝すべてのものは心を持っている〟ということにもなりましょう。ツツジのような植物も、動物も、水のような〝物〟も、すべての存在は私たちの心持ちに反応し、姿まで変えるということです。〝物に対しても感謝といたわりをもって接しなければならない〟ということを教えられました。人を慈しみ、動物や植物を慈しみ、物に対しても慈しみの心をもって接することの大切さを、我が家の庭木から学びました。

私たちの身体の六十パーセント以上は水だそうです。法華経・日蓮聖人の教えを頂き、仏さまの御心《みこころ》を頂いて生きることで、水分をはじめ私たちの身体を構成している物質が健康になり、私たちの健康増進につながること間違いありません。

真心には物の姿を変える力があることを植物や水から教わりました。


右の文が『まんだら』誌に掲載された年の暮れ、ある寺院の前住職から次のようなありがたいお手紙を頂戴しました。

「妙佳法尼が連載している「みんな仏の子」には毎回お題目の功徳が体験的に記されており、いつも感銘を受けながら読ませていただいております。

私が各地で開いている法座（僧侶による説法のあと、参加者が互いに信仰体験などを語り合う集い）では、このところ仏さまの教えを理論的に解釈して語る人が増え、日常生活からにじみ出る体験的な内容を語る人が少なくなっています。その結果、お題目の功徳が実感として十分に伝わらず、話に説得力が欠けてきたのが現状です。

そんな訳で、体験からにじみ出るお題目の功徳が分かりやすく記されている「みんな仏の子」を、『まんだら誌』が出るたびに信徒教化の副読本として配布し、活用させていただいております。

私が還暦の時に植樹したイチョウの木が境内にあるのですが、そのイチョウは実を付けても毎年、育つ前に落ちてしまうのです。本年一月号の「みんな仏の子」を読んで感銘して以来、私はイチョウに向かって「イチョウさん、今年こそは実を付けてね」と語り掛けながらお題目を唱えてきました。イチョウさんは私の言葉を聞き入れてくれたようで、本年は五十個ほどの見事な実を付けてくれました。イチョウだけではありません。柿の木もキウイフルーツも本年は見事な実を結び、サザンカは素晴らしいピンクの花を咲かせています。

おかげさまで、お題目は植物にも通じるという事実を身をもって実感させていただきました。感謝の気持ちでいっぱいです。本当にありがとうございました」

この手紙文を拝読し、お題目の持つ素晴らしい力を改めて実感させていただいた次第です。拙文を目で読むだけでなく、身で読んで体現してくださる人がいることを知って感激し、涙が止まりませんでした。

✤たかがＳＬ、されどＳＬ――物の姿にもなる仏さま

夫の講演にお供して岡山へ行った時のことです。講演の翌日、岡山市の中心部にある長さ約二・四キロの西川緑道を散策していたところ、その緑道の中ほどに一両の蒸気機関車が展示されていました。引退後、化粧直しを施してからの展示だったのでしょうが、表面に沢山の傷がありました。私はその姿に触れて目頭が熱くなり、

「あなたは現役中、身を酷使して多くの人々や物資を一生懸命牽引《けんいん》し続けてきたのね。本当にお疲れさまでした」

と言いながらＳＬに近づき、思わず傷だらけの表面をさすってしまいました。ＳＬに対し、何とも不思議な愛情を覚えたのです。


それと同時に、前日に乗った新幹線のことが脳裏に浮かびました。「私は新横浜から

岡山まで僅か二時間五十六分で移動。その道のりは東海道五十三次の約一・五倍、昔の人にとってはどんなに大変な長旅だったことか」と。

イギリスでSLが発明されたのは一八〇二年、営業運転は一八二五年だそうです。日本では明治五（一八七二）年のことでした。それ以来、多くの先人たちの知恵と汗と涙のおかげで、こんなに便利になりました。こうした無数の人々のおかげで今の私があることを思い、胸が熱くなりました。

鉄道技術の発達に寄与してくれた人だけではありません。今日《こんにち》の文明を築いてくれた限りない先人のおかげ、自分を生み育ててくれた両親のおかげ、その両親の源である無数の先祖のおかげ、私たちの命を育んでいる動植物や水や空気や太陽といった天地自然のおかげ、こうした限りない〝おかげさま〟によって今の自分が支えられているという気持ちが、このSLとの出会いによって一層深まったのです。

このように、SLに接しながら次から次へと思いが広がって涙があふれ、思わずSLに向かって合掌し、お題目を唱えていました。

このとき「仏さまがＳＬになって、私に教えを説いてくださったに違いない」と感じ、ＳＬの姿が神々しく見えてきたのです。不思議な感覚でした。

『法華経』には、

「お釈迦さまは仏さま以外の姿にもなって、私たちを導いてくださっている」（第十六章「如来寿量品《にょらいじゅりょうほん》」）

という内容があり、日蓮聖人は、

「草や木の姿にもなられるお釈迦さま」（『草木成仏口決』）

と述べておられます。ＳＬの姿が神々しく見えたのも、この教えを日頃より耳にしていた結果かも知れません。

その日のＳＬは私にとって、まさに仏さまの姿でした。こころ素直に仏さまの教えに接していると、事に当たってものの見方や考え方が変わります。

たかがＳＬ、されど私にとって尊い一両のＳＬでした。

✣愛情に応えてくれた愛車

私が五十代半ばで運転免許を取得してから四年ほど経過した頃の話です。その当時、愛車サニー君にはずいぶんお世話になっていました。いつも私の言う事を聞いてくれ、どこでも行きたい所へ連れて行ってくれるオリコウさんです。乗車する時には必ず「サニー君よろしくね」と愛撫しながらお題目。下車する時にも「ありがとう」とお題目。

そんなある日のこと、買い物をするために、道路の左側に停車している車のすぐ後ろにサニー君を止め、ハザードランプをつけて下車しました。急いで買い物を済ませて車に戻り、右ウィンカーを点灯させて発進しようとしたのですが、ガリガリという奇妙な音を出して発進してくれないのです。なぜかサニー君が私の言うことを聞いてくれません。

その直後でした。一台の乗用車が私の車のすぐ右側を後方よりかなりのスピードで通過していったのです。もし私が発進していたら危うく激突するところでした。ヒヤッとしました。その時に限って後方確認を怠っていたうえに、ハザードランプを点灯したままウィンカーを出していたのです。通過した車の運転手が私の車を停車中と判断したのは当然です。

そのあとアクセルを踏み直したところ、通常どおり発進してくれました。ありえない不思議です。お釈迦さまがサニー君に宿り、私を救ってくださったとしか思えません。お釈迦さまに感謝するとともに、「サニー君、ありがとう」と言いながら、思わず感謝のお題目を唱えていました。

こんな時、「事故にならなくて良かった」と簡単に片づけてしまえばそれまでのこと。しかし法華経の教えによれば、さまざまな事柄をとおして私たちに何かを教えてくださっているお釈迦さまです。

この場合、運転に慢心を起こさず、落ち着いた穏やかな心持ちでハンドルを握るよう、大事が起こる前にお釈迦さまが私に反省を促してくださったものと思います。

運転免許証を取得した当時の私は「もし僧侶となった私が事故を起こし、周囲に迷惑を掛けるようなことになれば、仏さまの教えに傷が付く」という思いが強く、極めて慎重な運転でした。ところが取得から四年余りを経過し、私の運転に謙虚さが欠けてきたことに気づかされた次第です。

またこの出来事は、〝物〟への感謝や愛情の持つ力をお釈迦さまがお示しくださったのだとも思いました。

前にも述べたことですが、愛情や真心は物にも通じます。物といえども受けた真心に応えてくれます。真心のあるお題目は、仏さまに通じるのはもちろん、人にも動物にも植物にも通じ、さらに物にも通じます。そのことに一層の確信を与えてくれた今回の出来事でした。

✤ お金は生きている――〝お金さん〟の成仏

食べる・着る・住む・医療・交通・電気やガスや水道・レジャー等々、私たちが生きていくうえで、お金の世話にならない日はありません。「自分が稼いだお金」と言っても、信心の眼をもって見れば、お金は仏さまからの尊い授かり物です。

かつて夫が教員だったころ、夫から給料袋を手渡された時には必ず「お疲れさまでした。ありがとう」と言い、受け取るとすぐ仏壇にお供えし、合掌しながら仏さまにお礼のお題目を唱えていました。その行為を済ませないと使う気になれなかったのです。母が父から給料袋を受け取る際、必ずそうしている姿を目にしていたからです。私が子供だった頃は、我が家に限らず多くの家庭でしていた行為だったようです。

給料が銀行口座に振り込まれるようになった今、そうした行為ができなくなってしまいました。寂しいことです。でも預金通帳を見て入金を確認したら、すぐ仏さまに感謝する行為は今でも可能です。今の人たちは、お金に対してどれほどの感謝をもって使っているのだろうかと疑ってしまいます。

その尊いお金も、時には私たちの道心を狂わす凶器ともなりかねません。お金が恐ろしい犯罪や争いを生み、人を苦のどん底に陥れることもあるからです。そんな時、お金はまさしく〝地獄の使い〟です。

今までたびたび述べてきたことですが、〝物にも心があり、魂もある〟ということ、これは法華経の説く大切な教えの一つです。お金だって同じこと、お金にも心があり魂があるはずです。〝お金は生きている〟ということです。使う人の心持ち次第で喜んだり悲しんだりし、時には怒ることとすらあります。

〝お金さん〟に対する感謝を忘れ、事に当たっていちいち「損した得した」などと心が動揺したり、「多いの少ないの」と愚痴や不満を言っていると、お金さんは悲しみ、お金さんに嫌われます。「ありがとう」「おかげさま」と感謝して使えば納得して喜んでくれ、私たちのために一生懸命働いてくれるはずです。

人はそれぞれ徳分が異なります。自己に備わっている〝分〟をわきまえ、他と比較して羨んだり妬んだりしないことです。分に応じて授かったお金に対して感謝することが重要です。感謝の心でいれば、貪欲にお金を追い求めなくても、おのずとお金さんの方が付いて来てくれるのではないでしょうか。もちろん、お金さんに好かれるためには、たゆまぬ努力や先を見通す知恵を磨くことも大切でしょうが。

名誉を求めたり見栄を張ったりするため、あるいは目先の楽しみを追う目的だけに使われたのではお金さんが気の毒です。これではお金さんが悲しみます。目先の欲に溺れることなく将来を見据えて使うこと、自分のためだけでなく広く全体の立場に立って使うこと、これがお金さんに喜んでもらえる秘訣と信じます。〝功徳を積むことのできる使い方をする〟ということです。それによってこそ、お金さんは浮かばれます。〝お金さんの成仏〟につながります。

お金さんに成仏してもらうためには、節度を超えた浪費も、節度を超えたケチも、双方とも好ましいことではありません。〝使うべきは使い、抑えるべきは抑える〟ということです。これが逆になると、お金さんを殺すことになり、お金さんを地獄に陥れることにもなりかねません。意義ある用い方によって、お金さんを生かしていきたいものです。

お題目で仏さまの智慧《ちえ》を頂くことで、正しいお金の使い方をし、お金さんに成仏してもらえるよう心掛けなければなりません。仏さまの御心にかなった使い方をすれば、お金さんは〝仏さまの使い〟として働いてくれるはずです。お金さんを〝地獄の使い〟にはしたくないですね。

お金さんに好かれるか逃げられるか、お金さんを生かすか殺すか、お金さんを〝仏さまの使い〟とするか〝地獄の使い〟とするか、これらはお金に対する私たちの心持ちに掛かっています。

法華経・お題目に対する従順な信心をもって仏さまに好かれる自分になること、これがそのままお金さんに好かれる自分になることだと信じます。そうした心掛けに励み、お金さんに成仏してもらいたいものですね。

お釈迦さまが「いよいよ真実の教えである法華経を説く時が来た。これまでに説いてきた教えはことごとく法華経を説くための準備だったのだ」と語って説かれた教えが『法華経』でした。〝物にも心がある〟ということは、その『法華経』だけに示されている教えです。このことは日蓮聖人が、

「この経（『法華経』のこと）ばかり一念三千《いちねんさんぜん》の玉（極めて貴重なもの）をいだけり」（『開目抄《かいもくしょう》』）

と述べられ、さらに、

「一念三千は情（精神のあるもの、つまり動物のこと）・非情（土石や木材など精神のないもの）にわたれり」（『観心本尊抄《かんじんほんぞんしょう》』）

と述べておられることでも分かります。日蓮聖人の文の中には「非情の成仏」（『草木成仏口法』）という言葉が見られます。

✤トイレは〝ご不浄〟ではなく〝聖地〟

法華経の教えによれば、動物や植物だけでなく、すべての存在が成仏可能となっています。このことは〝物〟にも魂があることを意味します。この教えを心に受け止めて〝物〟に対してもいたわりの心で接していると、法華経の教えが真実であることを知るのです。

私がトイレの掃除をする時、必ずお題目を唱えながら便器に向かって「いつも排泄物を受け止めてくれてありがとう。これからもよろしくお願いします」と語り掛け、終わった時には「サッパリして良かったわね」などと語り掛けてきました。

先日のこと、その日も掃除を終えて、いつもどおり「サッパリして良かったわね」と便器に語り掛けた時のことです。便器がこれまで見たことのない不思議な輝きを放っていたのです。我が目を疑いました。便器が私の気持ちに応えてくれたに違いないと思い、ありがたさが込み上げて胸がいっぱいになりました。

そのあと外出したところ、行き合う人を見ても、犬や猫や鳥などを見ても、草や木を見ても、すべてが愛《いと》おしくなり、「みんなを私の両腕の中に包み込んであげたい」という、何とも言えない大きな心持ちに満たされていました。そのあとは、目に入るものすべてに対し、「みんな幸せになってね」と心の中で語り掛けながら歩いている私でした。すがすがしい気分で幸せいっぱいでした。このようなことは、これまでも度々経験してきたとはいえ、これほどの気持ちになったのは初めてです。

『法華経』の中に「お釈迦さまの生命はすべての存在を包み込み、宇宙の果てまで広がっている」という内容が記されています。このことは「すべてのものはお釈迦さまの生命の中に在り、すべてのものはお釈迦さまの生命の一部である」ということを意味するとともに、「たとえ見ることができなくても、すべての存在の中にお釈迦さまの生命が宿っている」ということをも意味しましょう。

お題目によって法華経の精神《こころ》を頂けば、便器までもが愛おしくなり、すべてが慈しみの対象となるだけでなく、すべてが手を合わすべき感謝と敬いの対象となります。すべてのものはお釈迦さまの生命を宿しているのですから。

日蓮聖人はおっしゃいます。「自身がお題目によって仏ごころになると、その仏ごころが周囲に潜んでいる仏ごころを引き出していく。その引き出された周囲の仏ごころが我が身に返り、我が身の仏ごころを一層引き出してくれる」と。今回の場合、これまで便器に対して敬いと慈しみの心を注ぎ続けてきたことで、便器が私の仏ごころを引き出してくれたに違いありません。

この日、「確かに〝物〟にも魂があり、仏ごころもある」ということを実感させていただきました。〝物〟に対しても慈しみをもって接することが大切であり、〝物〟にも仏さまが宿っていると信じ、敬意をもって大事に扱うことが大切のようです。私はトイレ掃除を終えた時や用便を足した後《あと》には、便器に向かってお礼の言葉を掛け、お題目を唱えながら蓋をゆっくり丁寧に閉じるよう心掛けています。

私にとって、その日の便器はまさしく仏さまの姿でした。私が若いころはトイレのことを「ご不浄」と言っていましたが、トイレは不浄な場所ではなく清らかな〝聖地〟です。あらゆる場所は仏さまがご活躍されている空間なのですから。

日蓮聖人はおっしゃいます。

「浄土を他所に求めることはない。ここはお釈迦さまがおられる浄土なのだから」（『守護国家論』）

と。

✤ すべての生命はつながって一つ——すべてはお釈迦さまの生命の一部

私たちは生まれてから今日までに無数の動物や植物を食べ続けてきました。つまり私たちの生命は〝いのちをいただく〟ことによって維持されてきたのです。これら自然界の恵みに対し、日本人は感謝の合掌をしながら「いただきます」と言ってから食べるようにしてきました。

私は数年前よりトイレでの排泄物に対し、「ありがとう」と合掌してからでないと下水に流せない気持ちになっていました。排泄物の中には〝食べた物のおかげ〟や〝頑張ってくれている体内の臓器のおかげ〟など、沢山の〝おかげさま〟が詰まっていると思うようになったからです。

そんなある日、NHKの「課外授業・ようこそ先輩」というテレビ番組を見て、その気持ちをさらに強くしました。分子生物学者の福岡伸一先生が、『食べて感じる命のつながり』と題し、驚くべき真実を語っていたからです。その主な内容は、「私たちが口に入れた食物の分子はたちまち体内の隅々まで広がってゆき、もともと体内にあった分子は、便や尿、吐く息、汗などの分子となって排泄されていく。こうした分子の動きによって、人体の各部位を構成している分子は次々と置き換えられていく。その結果、体内の分子は僅か一年ほどですべて入れ替わる」というのです。これには驚きました。私たちは久し振りに会った人に「お変わりありませんか」などと挨拶しますが、一年も会っていなければ、物質的には別人です。

さらに福岡先生は、

「私たちが排泄した物質を構成する分子は、他の生物の肥料や食物となって再び多くの動植物の体内に宿っていき、その動植物から排泄された後も、さらに周囲の環境に排泄されていく。このように、私たちが排泄した分子は無数の生物の中を次々と巡り、様々な生命を支え続けていく。その中の一部はやがて私たちが食べる食物となって、再び私たちの体内に帰って来るかもしれない。これで分かるように、私たちの人体を作っている分子は様々なものの中を次々と駆け巡って尽きることがない」

と言っていました。

この番組の内容を突き詰めると「地球上のすべての生命や物は、互いに支え合って一つにつながっている」ということになります。さらに言えば、「すべての存在は互いに支え合い、全体で〝自然界〟という一つの大きな生命体を築いている」ということになりましょう。

この番組を見て更に気づいたことがあります。それは、

「食べること、呼吸すること、排泄することなど、私たちが無意識に行っている生きるための行為は、この大きな分子の循環に参加していることなのだ。これらは〝自然界〟という大きな生命を支える尊い営みだったのだ」

ということでした。食べる、呼吸する、排泄する、という日々当たり前にやっている行為に尊い意義があることを知りました。目からウロコでした。

草食動物が全力を振り絞って肉食動物から逃げる姿など、弱肉強食の動物世界を写すテレビ番組を見るたびに、これまでの私は追われる側の立場に立ち、その映像をハラハラしながら見ていました。でも今は違います。よく考えてみれば、追われる側が必死なら、追う側だって生きるためには必死です。今は両者の立場に立ち、平等に映像を見られるようになりました。「食う」ことも「食われる」ことも、分子の流れに寄与する尊い行為だからです。地球の誕生以来、数十億年かけて作り上げた自然界の節理を維持するためには、食うも食われるも極めて尊い行為であることをこの番組で知りました。

福岡先生が番組の結論として特に強調していたことは、「分子生物学の立場では〝個別の生命〟というものはない。すべては互いに支え合いつながり合って、全体が一つの大きな生命になっている。〝自然界〟とは三十八億年を掛けて作り上げた一つの生命体に他ならない」ということでした。この番組の『食べて感じる命のつながり』というタイトルの中に、福岡先生の伝えたかった事柄が凝縮されているように思われます。

お釈迦さまはこの真理を二千年以上も前に述べておられたのです。これには驚きます。夫の説法で聞いたことですが、お釈迦さまは「すべては互いに深く関わり合って独立している存在はない（縁起の教え）」と述べられたあと、法華経の説法に入るとさらに徹底し、「すべてのものは互いにそなわり合って一つなのだ（一念三千の教え）」と述べられたとのことです。このことは〝宇宙は一つの生命体〟であることを意味します。

さらに法華経の後半の教えに入ると、「その〝宇宙を包む大きな生命体〟とはご自身のこと、つまり〝お釈迦さまの生命〟のことである」という内容が示されるのです。

この法華経の教えからすると、私たちの生命は本来、大きなお釈迦さまの生命の一部になっていなければなりません。お互い、お釈迦さまの生命と同化できるよう信心に励み、本来あるべき姿に返りたいものです。お釈迦さまの御心にかなう生き方に努め、大きな大きなお釈迦さまの生命の中の、小さな小さな一つの細胞となり、お釈迦さまの手となり足となりたいものです。

✤猫から学んだ仏さまの教え

かつて我が家で飼っていた「モコ」という猫のことを述べます。

モコはとても臆病で、人が訪ねて来るとソッと二階に上がってしまい、人前に姿を現すことは極めてまれでした。それなのに、なぜか夫が続けていた僧侶の勉強会には必ず同席していたのです。勉強会が始まるとトントントンと足音を立てながら階段を降りてきて私の膝の上で落ち着くのです。勉強会の間、モコの耳はほとんど夫の方に向いていていました。私は勉強会が終わるたびに「仏さまの教えを聞けてよかったわね」と語り掛けていました。

私が仏前で読経をしている時、モコはいつも私の傍らでお経の声を聞いていました。そのときモコは仏さまにお尻を向けて横たわることがありません。また、本堂に並べてある座布団の上で寝ることが度々でしたが、その時も祭壇の方向にお尻を向けることがなかったのです。それだけではありません。多くの猫と同様、高い所に登ることが好きでしたが、祭壇に上がっている姿を見たことが一度もないのです。モコは仏さまの尊さを知っていたようです。いつもお題目の声を耳にし、仏さまの教えを聞いていたからだと思っています。

こんな事もありました。義母の通夜の際、参列者の焼香が終わりに近づいた時でした。モコが二階から降りてきて、最後の焼香者に続いて祭壇の前を悠然と横切り、再び二階に戻っていったのです。その姿を見た瞬間、モコが焼香に参加したのだと思いました。翌日の告別式での出棺の際、庭の松の木の根元に座って棺を見送り、義母にお別れをしていました。恐らくは、かわいがってくれた義母に対する感謝の表れだったのでしょう。

私たち夫婦は以前から「出家した以上、一度でよいからインドのお釈迦さまの霊跡を参拝したい」と願っていました。たびたびお誘いを頂いたものの、費用などの事情で参加できず、長年にわたり願いがかなえられませんでした。

ある時、私たちにとって極めて好条件のお誘いを頂き、ようやくインドへの仏跡参拝が実現する運びとなりました。お釈迦さまの初転法輪（最初の説法）の地に法輪寺という寺院を創建した佐々木妙定尼からのお誘いでした。

ワクワクしながら準備を進めていた時期のこと。ふと留守中のモコのことが頭をよぎったのです。私は夫に「今年の夏は例年にない猛暑だから、モコだけを家に残すのはかわいそう。食べ物のことも気になる。私は諦めるから、あなただけで行ってね」と言いました。モコはその言葉を傍らで聞いていたのです。

その会話から二時間ほど後でした。モコが隣家の屋根から転落したのです。即死でした。毎日のように柿の木を伝わって登り、慣れ親しんでいた屋根です。落下することなど考えられません。私たちの会話の内容がモコの魂に通じていたに違いないと思い、その会話をモコの傍らでしたことを後悔しました。でもこのことは、「ようやく願いがかなった機会なのだから、ぜひ行ってね」というモコの意思をみずからの死をもって表したものと思い、私も仏跡参拝に参加することにしました。

インドでは、佐々木住職が数あるお釈迦さまの霊跡をはじめ、様々な地を案内してくださいました。お釈迦さまが法華経を説かれた霊鷲山《りょうじゅせん》では「ここを離れたくない」という思いが心の底から湧き上がって後ろ髪を引かれ、別の霊跡では感動で胸が詰まり、全身が震えて立ち上がれない状態でした。生涯、忘れることのできない貴重な参拝となりました。

インド滞在中、常にモコが私たち夫婦と行動を共にし、一緒に霊跡を巡っているように思えてなりませんでした。モコの百日忌を迎えたのはインドを発《た》つ前日でした。その日、佐々木住職がモコのために百日忌の法要をしてくださいました。お釈迦さまが最初の説法をされた聖地での法要です。幸せなモコでした。

話が前後しますが、インドへ行く前、私たち家族はモコの四十九日忌法要を営みました。その読経中、「いつもお経やお題目をありがとう。自分はこれまで沢山のお経とお題目をもらってきたので、もう大丈夫。でも周りには供養を受けていない畜類の仲間が沢山いるので、みんなに平等の供養を手向けてあげてね」と、モコがすべての動物に対する慈しみの供養を求める声なき声を耳にしたのです。モコは私に大事なことを教えてくれました。以来、私が畜類に対して回向《えこう》（功徳を回らし差し向けること）をする時の気持ちが変わりました。

夫の勉強会の話を欠かさず聞いていたことといい、私たち夫婦の会話を理解していたことといい、〝人間の言葉は動物にも通じる。言葉が通じなくても心は通じる〟という事実をモコが実証してくれました。法華経には「動物や植物はもちろん物までも含め、すべての存在は互いに宿り合って一体である」という内容の教え（一念三千の教え）があります。私たちの会話がモコに通じたのはそのためと思っています。その教えが真実であることをモコが実証してくれました。

それだけではありません。モコは「お釈迦さまは仏陀（ほとけ）の姿以外のさまざまな姿に身を変じて人々を導いておられる」「お釈迦さまは私たちが見ることのできる様々なものに宿りながら、私たちを導いてくださっている」という法華経・日蓮聖人の教えをも実証してくれたのです。

いま振り返ると、モコは私にとって愛しい家族であるとともに、さまざまな事柄を教えてくれた師であり、仏さまの使者でもありました。

第六章 法華経・日蓮聖人からのメッセージ

私は長年にわたり法華経と日蓮聖人の教えを学ぶ機会に恵まれたことで、その教えの感化を受けてきました。そんな私の思いと半生を述べてきましたが、ご理解いただけましたでしょうか。

前章までには「法華経は〝慈しみ〟と〝感謝〟と〝敬い〟の心を私たちに求めている」といった言葉が多々あり、さらに「今回の出来事はお釈迦さまの手立てと思った」「常にお釈迦さまに見守られていることを知った」「お題目の力を実感した」といった内容も多くありました。

法華経と日蓮聖人の教えの根幹を述べることで、それらが私の思い込みでなく、その教えに基づく必然の結果であることをご理解いただくことが本章の目的です。勉強会で学んできた事柄と夫の著書をもとに述べさせていただきます。

✤自己本位という〝我〟が作る壁——狭い心と広い心

　ミスをして上司から忠告された時、自分の誤りを知りながら忠告を無視したり、「余計なお世話」とばかりに屁理屈《へりくつ》を並べて言い訳したりすることがあります。このような状態になると、気分がしばらくスッキリしません。周囲との間に〝独り善がり・自分本位・我執〟という「我《が》の壁」を作って自身を閉ざし、周囲の心との通い合いを断絶しているからです。「我の壁」が自身を束縛し、心の自由を失っているのです。

　一方、「ご指摘ありがとうございます」と上司の忠告を素直に受け入れて感謝すれば、その瞬間、「我の壁」が破れて〝広い心〟になり、気分が晴れやかになります。周囲の心と通い合って精神的束縛から解放されるからです。

　次に〝狭い心〟と〝広い心〟との対比を幾つか挙げます。

●「我の壁」に囲まれた〝狭い心〟は、些細な事柄でも大袈裟《おおげさ》に誇張します。取るに足らない事柄で有頂天になり、自惚《うぬぼ》れたり高慢になったりします。その反面、どうでもよい小さな事でも傷ついて意気消沈します。このように、〝狭い心〟は小事に対しても大きな感情の起伏を生みます。

他方、「我の壁」を破って〝広い心〟になれば、自分の精神をコントロールできるので、感情の起伏や動揺が起きにくくなります。それによって物事を冷静に見ることができ、大らかで寛容な心持ちになれます。

●「我の壁」に囲まれた〝狭い心〟は、事に当たって自他を対比しがちです。その結果、自分が周囲より良い状態だと心地良くなり、「ざまあ見ろ」とばかりに相手を侮《あなど》ります。逆に周囲が自分より良い状態だと妬《ねた》みや僻《ひが》みを生みます。周囲が自分の思いどおりにならないと怒りの心を生じます。このような人からは、自己中心で身勝手な言葉が多く聞かれます。これらは〝狭い心〟の特徴といえます。

その一方、〝広い心〟になって「我の壁」が破れると、周囲との境がなくなり、周囲の心を自分の心として共有できるようになります。周囲の喜びは自分の喜び、周囲の悲しみは自分の悲しみとなり、周囲に対する思いやりと包容力が生まれます。

- 〝狭い心〟が作る「我の壁」は、周囲を如実（ありのまま・真実のまま）に見る目を閉ざします。物事の見方が独善的・主観的になり、些細な事柄に執着して大局を見失います。全体を見渡す総合的な判断ができず、道理に暗くなります。その結果、自身も周囲も不幸へと導きます。

それに対し、「我の壁」が破れた〝広い心〟は、物事を大局的かつ客観的に見る広い視野を生みます。物事を如実に見る目を養い、それによって正しい判断が生まれます。周囲の立場を理解でき、慈悲や感謝の心で周囲と接するようになります。周囲と共に幸せに導かれます。

- 〝狭い心〟は目先の事柄に執着して先を見る目を閉ざします。その結果、後に災いを招きます。

〝広い心〟は大きな視野をもって過去から未来に至る因果を見通します。その結果、自分の未来も周囲の未来も開かれます。周囲と共に幸いを招きます。

✤成仏とは

仏教の目的は成仏、つまり仏に成ることです。では成仏とはどのようなことを言うのでしょうか。それは〝時間的にも空間的にも限りなく大きな生命になること〟と言えます。

数あるお経の中で最高峰に位置するのが『法華経』であり、その『法華経』の中でも最重要の眼目が第十六章「如来寿量品《にょらいじゅりょうほん》」です。日蓮聖人は「如来寿量品」が全仏教の頂点にあることを、

「すべての経典の中に如来寿量品がなかったら、天に日月がなく、人に魂がないようなもの」（『開目抄《かいもくしょう》』）

と述べておられます。その「如来寿量品」の中でお釈迦さまは、

「私（お釈迦さま）の生命は、時間的には始まりもなく終わりもなく過去にも未来にも永遠で、空間的には宇宙の果てまで広がっている」と述べておられるのです。これにより「成仏とは時間空間を超えて限りなく大きな生命になること」という真実を知ることができます。

仏さまには、独り善がり、自分勝手といった狭い心はありません。すべての存在をご自分の生命の中に包み込んでおられるからです。したがって〝他者〟という概念がなく、好悪《こうお》の念も、妬みや僻みもありません。すべての者が受けている苦楽を他人事《ひとごと》にしません。慈しみあるのみです。

✤すべての仏さまは「一念三千」を悟って成仏

では仏さまは何を悟って無限大の生命になられたのでしょうか。何を悟って成仏されたのでしょうか。それは「一念三千《いちねんさんぜん》」を悟られた結果だったのです。そのことは日蓮聖

人が、
「一念三千だけが成仏の道である」(『開目抄』)
「成仏とか往生とか言っても、一念三千の成仏でなければ言葉だけで実質がない」(『開目抄』)
「一念三千の教えは仏さまを生む父であり母である」(『聖密房御書《しょうみつぼうごしょ》』)
と述べておられることでも分かります。
すべての仏さまは、一念三千を悟ることで時空を超えた大きな生命になられ、それによって成仏されたのです。一念三千は〝仏さまの悟りそのもの〟と言えます。

✤「一念三千」ということ

一念三千という言葉を初めて目にした方もおられましょう。その意味をなるべく分かりやすく説明します。まず「三千」の意味から入ります。

「三千」とは〝時空を超えた森羅万象〟を包括した言葉です。時間的には無限の過去から無限の未来に至る一切の事物や事象が「三千」という僅か二文字の中に含まれ、空間的にも宇宙の一切の事物や事象が「三千」の二文字に含まれているのです。これを「三千」と称する理由については夫の著書『お題目がわかる本』（発行元は巻末に記す）をご覧ください。

次に「一念三千」の説明です。「一念三千」とは、

「日常の一刹那（一瞬）における僅か一念（ひとおもい）といえども、その中には三千（宇宙における全ての事物や事象、つまり宇宙の森羅万象）がことごとく具《そな》わっている」

という意味の言葉です。

第三章の「お盆やお彼岸に思うこと」に記した内容を再び記します。

あなたを産んだ両親が居なかったら、今、本書を手にしているあなたの姿はありません。このことは、たとえ故人であっても両親はあなたの命の中で生き続け、一緒に本書を読んでいることを意味します。その両親にもそれぞれ両親がいます。三十一代さかの

ぼると直径の先祖だけでほぼ今の世界人口です。その中のたった一人が欠けていても、あなたはこの世に存在していないのです。見えない無数の先祖があなたの生命の中に宿り、本書を一緒に読んでいることになります。

私たちは人間社会の中で生きている以上、直接的にも間接的にも無数の人とつながりながら生きているのです。それらの人々も私たちの中に宿っていると言えましょう。

生まれてから今日《こんにち》までに食べてきた動物や植物の量は計り知れません。それら無数の生き物のおかげで私たちの命があるのです。

私たちの生命を維持するためには水や空気や大地など、自然界における様々な事物の存在も欠かせません。

生命の維持には光や熱などのエネルギーが不可欠です。そのエネルギーの供給源は太陽です。

そもそも私たちに生活の場を提供している地球は、宇宙との関わりなく単独で誕生したのではありません。

こうして広げていけば、時空を超えて宇宙の一切の事物が私たちの命の中に宿っていることになります。私たち一人一人の生命は宇宙の縮図です。（このような内容は、第三章「あなたの命はみんなの命」や、第五章「すべての生命はつながって一つ」の中にも記されています）

以上のことを考えると、「今のあなたの命の中には無限の事物や事象が具わっている」ことになります。今この一瞬、あなたが本書を目にしながら何かを感じたとしましょう。右に述べた事柄は、〝その一念の中に先祖をはじめ宇宙のあらゆる事物や事象、すなわち「三千」が具わっている〟ということを意味します。これが一念三千なのです。

といっても納得がいかない方もおられましょう。そこで私が体験した事例をもって再度説明してみます。第五章「たかがＳＬ、されどＳＬ」で述べた事例です。

私は岡山市の緑道に展示してある傷だらけのＳＬを目にした一瞬、ＳＬに向かって「あなたは長年にわたり身を酷使してきたのね。ご苦労さまでした」との一念が沸き上がりました。と同時に「ＳＬが発明されて以来、無数の人々の努力によって、こんなに便利になった」との思いも込み上げたのです。

ＳＬはイギリス人のトレビシックとスティーブンソンの二人によって発明されたそうです。この二人がいなかったら私が岡山でＳＬを目にした瞬間の一念はありえません。

二人がＳＬを開発するにあたっては、二人の仕事を支えてくれた家族や仲間の存在、開発に用いた素材や道具の存在等々、様々な〝おかげ〟があったはずです。開発の過程においては多くの辛苦があったことでしょう。それらの〝おかげ〟も無視することはできません。

それだけではありません。右に述べたことで分かるように、二人の生命を維持するためには限りない事物や事象の〝おかげ〟が必要でした。それらの〝おかげ〟がなかったら、私の岡山での一念はなかったのです。

二人がＳＬを発明してから緑道に展示されていたＳＬの製造までの百年余りの間、数え切れない鉄道関係者の努力と辛苦があったはずです。それら一人一人の生命の中にも無限の事物が宿っていたのです。それら無数の〝おかげ〟がなかったら日本の鉄道は存在せず、したがって私がＳＬを目にした一瞬における一念もなかったことになります。

要するに〝私の岡山での一念の中に、時空を超えた無限の事物が具備している〟ということになるわけです。これが「一念三千」なのです。


「一念三千」の本来の意味は、右に述べたように、

「日常の一刹那における一念といえども、その中には三千（森羅万象）がことごとく具わっている」

ということなのですが、このことを突き詰めていくと、

「人も動物も植物も物（非生物）も、さらにそれらの動きや作用などをも含め、すべての事物は互いに宿り合って一体である」

ということになります。このことをさらに突き詰めると、

「宇宙は一つの生命体である」

という結論に行き着きます。

✤ 一念三千は法華経の要であり、全仏教の要

日蓮聖人は、一念三千は『法華経』だけにしかない法門（仏さまの教え）であることについて、「一念三千という深理（奥深い教理《きょうり》）は法華経だけに限る」（『善無畏三蔵鈔《ぜんむいさんぞうしょう》』）とか「すべてのお経の中で、この法華経だけに一念三千の玉（宝珠、深遠な根本真理を玉と表現）が抱かれている（内在している）」（『開目抄』）などと記しておられます。

また法華経が説く教えの中でも特別に優れた教えが一念三千であることを、「一念三千と申す法門こそ奇の中の奇、妙の中の妙」（『小乗《しょうじょう》 大乗《だいじょう》 分別鈔《ふんべつしょう》』）と述べておられます。

さらに一念三千が法華経の教えの肝要であることについて、「法華経の肝心である一念三千」（『唱法華題目鈔《しょうほっけだいもくしょう》』）、「法華経の一念三千と申す大事の法門」（『撰時抄《せんじしょう》』）、「一念三千の肝要の法門」（『撰時抄』）、「一念三千の肝心」（『木絵二像開眼之事《もくえにぞうかいげんのこと》』『日妙聖人御書《にちみょうしょうにんごしょ》』）などと述べておられます。

さらに一念三千が全仏教の根幹であることについて、「一代の肝心である一念三千」（『開目抄』）、「お釈迦さま一代における教えの肝心である寿量品の一念三千の法門」（『太《おお》田《た》左《さ》衛門《えもん》尉《のじょう》御返事《ごへんじ》』）などと記しておられるのです。「一代」とは、お釈迦さまのご生涯を通しての全ての説法を言います。

これら日蓮聖人の文により、一念三千は法華経独自の教えであることに加え、法華経の要《かなめ》であるばかりか、全仏教の要でもあることを知ります。このことは右に述べたように、一念三千は〝仏さまの悟りそのもの〟であり、仏教の最終目的だからです。

✤ 一念三千の教えが導く精神

この一念三千の教えによって、私たちはあらゆる存在からの恩恵を受けながら生きていることを知ります。その結果、次の四つの心が養われるのです。

（1）感謝（知恩）

この一念三千を知ると、「自分は周囲のすべての存在から〝おかげさま〟の恩恵を被りながら生きている」ということに気づきます。一念三千は感謝の心を育む教えです。

（2）慈しみ（慈悲）

一念三千を体得して自分のものとすれば、先に述べた「我の壁」が破れて周囲の心と通じ合います。その結果、周囲の悲しみが自分の悲しみとなり、周囲の苦しみや悲しみを他人事にできない慈しみが生まれます。お釈迦さまは、

「すべての人が受けているそれぞれ異なる苦しみは、ことごとく私一人の苦しみである」（『涅槃経』）

と述べておられます。一念三千を悟っておられるからです。

（3）不軽と敬意（軽蔑しない心、敬いの心）

〝私たちはあらゆる事物の恩恵に浴しながら生きている〟というのが一念三千です。この教えを知れば、周囲を軽蔑できなくなって敬いの心が育まれます。

不軽菩薩《ふきよう》という出家者が常に〝不軽と敬い〟に徹して生きたことは、第三章の「常不軽菩薩の精神に学ぶ」と「言葉に宿る仏さま」で述べたとおりです。

（4）責任感

一念三千は、自分の命は自分だけの命でなく、すべての存在とつながっていることを教えています。すべての存在が自分の中に宿り、自分がすべての存在の中に宿っていくからです。自分の命はみんなの命、みんなの命は自分の命です。このことは、善につけ悪につけ、自分の行為が自分だけにとどまらず、全体の行為として限りなく広がることを意味します。一人の悪行が周囲を不安に陥れ、一人の善行が周囲に好影響をもたらすことでも分かります。

一念三千は責任感・使命感・正義感を養う教えです。

（5）これらの心掛けは物に対しても

物にも魂があることについては前章で幾つか述べました。物にも慈悲を注ぎ、感謝し、そして敬う、こうした情に対して物が応えてくれる事例もすでに述べたとおりです。一念三千の「三千」には物も含まれているからです。このことについては第五章「お金は生きている」の末文にある『観心本尊抄《かんじんほんぞんしょう》』の文をご覧ください。

(6) 自然界への心掛け

私たちが一念三千の真理を幾分でも自分のものとすれば、多少とも社会を安穏に導けるはずです。それだけではありません。環境問題を含め、自然界の安穏にもつながるはずです。一念三千が教える〝具わり合い〟には全ての存在が含まれているからです。

自然界に対しても慈しみ、感謝し、敬うことが重要です。自然界に対する責任感も重要です。第三章「悲鳴を上げている自然界」で述べたように、自然界は今、私たちに対して必死に窮地を訴えているのですから。

私たち一人一人は微力です。でも多くが集まれば力を増します。自然界の安穏、それは私たちの安穏となって返ってくるはずです。自然界と共に幸せになりたいものです。次世代の人たちの環境にも思いを馳《は》せたいものです。

以上で分かるように、一念三千は〝感謝〟と〝慈しみ〟と〝不軽と敬い〟の心を育み、さらに〝責任感〟をも育む教えです。これらの四つの心は〝自分さえよければ〟という狭い心を抑え、周囲を温かく包み込んで心を大きくします。

私自身、この一念三千の教えに導かれて信徒さんと共に歩むなかで、感謝・慈悲・敬いの心が育まれ、包容力が培われて心が穏やかになれました。それにより日々豊かな心で過ごせるようになりました。

✤私たちは一念三千を悟れない

右に列挙した心掛けは自己を取り巻く「我の壁」を広げてくれます。成仏に向けて前進させてくれます。この一念三千を悟って「我の壁」を限りなく広げることができれば成仏と言えましょう。つまり時空を超えた広大なる教理（宗教が説く真理）である一念三千を体得することで無限大の生命を成就できれば、その時が成仏なのです。

とはいえ私たちが一念三千を悟って無限大の生命になることなど不可能です。日蓮聖人が、

「この一念三千は、私たち人間の知恵による理解力では一分《いちぶ》なりとも悟れない」（『開目抄』）

と断じておられるように、心の狭い私たちが宇宙の果てまで広がった広大な真理である一念三千を体得することは、どう考えても無理です。このことは〝私たちは成仏できない〟ということを意味します。

でもお釈迦さまは救いを諦めません。お釈迦さまが、

「私は一切の人々を成仏への道に入らせるのだ」（『法華経』第二章「方便品」）

と語っておられるように、お釈迦さまによる救いの対象には例外がありません。「救いようのない私たちをいかにして救うか」というのがお釈迦さまの御慈悲であり、お釈迦さまにとって最大の課題とも言えるのです。その御慈悲の結論がお題目だったのです。

✤ 私たちはお題目によって成仏する

先に「宇宙は一つの生命体である」と述べ、さらに「お釈迦さまの生命は宇宙の果てまで広がって無限大である」とも述べました。この二つを合わせると「宇宙はお釈迦さまの生命体である」という真実を知ります。

私たちは宇宙を包むお釈迦さまの生命の中で生きているのです。私たちの周囲にはお釈迦さまの生命が限りなく広がっています。でも残念ながら、自身を「我の壁」で囲っているために、そのことに気づいていないのです。

「我の壁」に囲まれて狭小な世界に生きる私たちです。そんな私たちが一念三千という広大な真理を悟りようもありません。しかし日蓮聖人は、

「一念三千を知らない者に対し、お釈迦さまは大いなる御慈悲をもって一念三千の宝珠をお題目の中に包み込み、その宝珠を末の世の私たちの首に掛け与えてくださるのだ」

（『観心本尊抄』）

とおっしゃっているのです。「自力で悟れない一念三千を、お題目でお釈迦さまから頂戴できる」ということです。自分で悟れなくても、お釈迦さまが悟っておられる一念三千を頂くことができるのです。

お題目の信心によって、〝悟る一念三千〟から〝与えられる一念三千〟に変じるということです。成仏不可能だった私たちですが、お題目によって成仏への道が開かれたのです。

自分で大きな生命になれなくても、お題目で「我の壁」を破ることができれば、小さな生命のまま果てしなく広がるお釈迦さまの生命に参入できるわけです。それにより、僅かでもお釈迦さまのご活動に参加することができます。お釈迦さまのご活躍のお手伝いです。

お題目で「我の壁」を破れば、お釈迦さまが私たちの中に入り、私たちの身を用いてのご活動を可能とします。

✤お題目がもたらすもの

これらの事柄で分かるように、大きな生命になれなくても、お題目によって小さな生命のまま、大きなお釈迦さまの生命とつながって一つになれるのです。観念的でなく事実としての一体化です。これを即身成仏と言います。即身成仏とは〝生きている肉身のままでの成仏〟のことです。その即身成仏を可能とするのがお題目です。

あなたが周囲の幸せや社会の安穏を心から願って真剣にお題目を唱えている時や、縁ある人にお題目を勧めている時などは、あなたが即身成仏している瞬間と言えそうです。お釈迦さまのご活躍へのお手伝いだからです。お題目を唱えることで、お釈迦さまの御心《みこころ》と通じ合っている時も即身成仏と言えましょう。そのためにはお釈迦さまを敬い、自分勝手な我欲を抑えて唱えることが肝要です。

日蓮聖人のお言葉によれば、そうした心掛けに励むことで没後には霊山浄土《りようぜんじようど》へ詣でることができ、その浄土の光景を目の当たりにできるとのことです。これは他所に赴くことを意味するのではありません。この場所がお釈迦さまの在《ましま》す浄土だからです。（法華経がインドの霊鷲山《りようじゆせん》で説かれたとされていることから、法華経の教えに基づく浄土のことを霊山浄土というのです）

時空を超えた大きな生命を成就しておられるお釈迦さまです。私たちがどこに居ようとも、そこには常にお釈迦さまがいらっしゃり、私たちを見守ってくださっているのです。そのことに気づかせてくれるのがお題目です。『法華経』第十六章「如来寿量品」には、

「私（お釈迦さま）は、空間的には宇宙の至る所で、時間的には過去から未来にわたって休むことなく、人々に寄り添って救いの活動を続けている」

という内容が記されています。

私たちは広大無辺なお釈迦さまの生命の中にあって、お釈迦さまの御慈悲に包まれながら毎日を生きているのです。お題目によって「我の壁」が破れて風穴が開けば、お釈迦さまの御慈悲をじかに頂戴できるはずです。事に当たってお釈迦さまによる慈悲の手立てやお計らいを感じ、見えないお釈迦さまの実在を実感できます。

ともかく自分の傍らに常にお釈迦さまがいらっしゃることを信じ、素直な心でお題目を唱えていただきたいのです。

お題目で「我の壁」を破れば、束縛から解放されてお釈迦さまの御心と通じ、心が大きく羽ばたけます。

『法華経』に述べられている事柄は単なる物語ではありません。お釈迦さまが私たちに向けて必死に訴えておられる真実の言葉です。

日蓮聖人は『法華経』に述べられている事柄をこの世で体現されました。日蓮聖人は、「もし私が居なかったらお釈迦さまは大妄語《だいもうご》（大うそつき）の人」と語っておられます。

日蓮聖人によって『法華経』は完全な実語（真実の言葉）となりました。その日蓮聖人が私たちのために残してくださったお題目です。そのお題目を信じ切っていただきたいのです。

✤本章のまとめ

本書で「法華経は〝慈しみ〟と〝感謝〟と〝敬い〟を伴う広い心を求める教えである」「お釈迦さまによる手立てを実感した」「あなたの善い行いも悪い行いも全体の行いとなって広がっていく」「物にも魂が宿っている」などと述べてきました。それらが法華経と日蓮聖人の教えの肝要である一念三千に基づいていることを知っていただきたかったのです。

さらに詳しい説明をお求めの方は、巻末に付記した夫の著書を併せてお読みください。比喩や実例を交え、右に述べてきた事柄が分かりやすく解説されています。

重ね重ね述べてきたように、一念三千は感謝と慈悲と敬いの心を養い、さらに責任感をも育む教えです。その一念三千は、信じて唱えるお題目によってお釈迦さまから授かるのです。

お題目でお釈迦さまと心を通わせるよう努めてください。それによって感謝と慈しみと敬いの心が育まれます。その逆も言えます。感謝と慈しみと敬いの心に努めることで、お釈迦さまの御心と通じやすくなります。両者は同時進行です。

こうした心掛けによって豊かな心を養い、周囲と共に真の幸せを味わっていただきたいのです。それがお釈迦さまと日蓮聖人に対する報恩になると信じます。私たちの幸せがお釈迦さまと日蓮聖人の願いであり目的なのですから。

「お題目に備わる霊妙な力を知ってほしい」との願いに加え、「日蓮聖人がこんなに素晴らしいお題目を私たちのために残してくださったのに、その本当の素晴らしさを身で味わう人は極めて僅か。このままでは申し訳ない」との思いが強く、その思いが本書の執筆を促しました。

読者の皆さまがお題目に備わる素晴らしい力を実感していただくことを願ってやみません。

あとがき

このたび本書の原稿を通読したところ、そこに記されている信徒と私の体験をとおして再確認した事柄が幾つかありました。それは、

- 法華経と日蓮聖人の教えが真実であることを、信徒さんたちが事実をもって証明してくれている。
- 法華経と日蓮聖人の教えをそれなりに理解してお題目に励む人は、確実に感謝や慈しみなどの仏ごころが育まれている。
- 仏さまの教えに沿う生き方をする人にはお釈迦さまの導きがあり、様々な問題を見事に解決している。たとえ解決できなくてもそれをプラス思考で受け入れて生かし、

それらの問題と付き合いながら明るく乗り越えている。

●心と行いが仏さまの教えにかなう生き方に励むことで、その人の周囲もそのように変わることが多い。

●自我意識が強くて素直でない人は、常に不満を抱いて感謝がなく、仏さまや周囲からの慈しみをみずから遮《さえぎ》ってしまう傾向が強い。

●感謝や慈悲や敬いなどの仏ごころは、動植物に対してはもちろん〝物〟にも伝わる。

といった事柄でした。

第六章で述べた法華経・日蓮聖人の教えを心にとどめれば、自己中心の心が抑えられ、周囲に対する感謝と慈しみに満ちた広い心が育つはずです。多くの人がこの教えを知れば、安心して暮らせる平和な社会が訪れること疑いありません。このお題目が広く世に普及することを切望しています。仏さまの御心にかなう正しいお題目の普及です。

本書で述べてきた事柄を今後の人生に生かしていただければ幸いです。一人でも多くの皆さまがお題目によって周囲と共に真の幸せを味わっていただけますように。

南無妙法蓮華経。

瀬野妙佳

今回の出版にあたっては、帯の推薦文を賜った大本山池上本門寺貫首の菅野日彰猊下、「序」をお記しくださった立正大学特別栄誉教授で元学長の渡邊寶陽先生をはじめ、校正など様々な面で多くの皆さまからご協力を賜りました。それらの方々の氏名を記して感謝の意を表します。

青田随鐘・磯野善秀・大川千鶴子・神部美妙・久住謙昭・小島弘之・鈴木照雄・谷津暁生・野島泰信・福原彰・宮本清美・森影康伸（敬称略、五十音順）

磯野善秀上人と小島弘之上人には編集作業でもご協力を賜り、特に小島弘之上人には出版社との交渉から計画立案・編集に至るまで、終始ご協力いただいたことを申し添えます。編集担当の佼成出版社・柴崎安希子様に対しましても、心より御礼申し上げます。

なお、夫の多大なる協力によって本書の出版が実現したことを付記します。

参考書籍

『法華経』（坂本幸男・岩本裕訳注、岩波文庫、一九六二年）
『昭和定本日蓮聖人遺文』（立正大学日蓮教学研究所編纂、総本山身延久遠寺、一九九五二年）
『日蓮聖人全集』（渡辺宝陽・小松邦彰編、春秋社、一九九二年）
『お題目がわかる本』（瀬野泰光著、日蓮宗新聞社・日蓮宗神奈川県第一部布教師会、一九九八年）
『南無妙法蓮華経のこころ』（瀬野泰光著、大東出版社、二〇一四年）
『詳解付改訂版　南無妙法蓮華経のこころ』（瀬野泰光著、一般社団法人「みんなの仏教」、二〇一六年）

※『南無妙法蓮華経のこころ』は双方とも日蓮宗新聞社でも扱っています。

✤ 著者略歴

瀬野妙佳　せの・みょうか

1945年、横浜生まれ。立正学園女子高等学校卒業後、母親の営む布教所「日蓮宗妙光結社」で活動を補佐する。母の下で仏道修行に励む男性と結婚。やがて教職を辞して僧侶となった夫をサポートするため、自身も80年に出家（得度）。信徒一人ひとりの苦楽に寄り添い、法華経と日蓮聖人の教えによる教化に励む。仏道に生きる喜びとお題目の持つ力を多くの人に伝えたいと、講演や執筆にも取り組んできた。日蓮宗の布教季刊誌『まんだら』で10年間にわたり「みんな仏の子」を連載。仏の教えに基づく生き方や、生活に根差した信仰体験が好評で反響を呼ぶ。

唱えるという生活

お題目が導いてくれる
ほんとうの幸せ

2020年4月28日　初版第1刷発行

著　者　瀬野妙佳

発行者　水野博文

発行所　株式会社佼成出版社

〒166-8535　東京都杉並区和田2-7-1
電話　(03) 5385-2317 (編集)
　　　(03) 5385-2323 (販売)
URL　https://www.kosei-shuppan.co.jp/

印刷所　株式会社精興社

製本所　株式会社若林製本工場

◎落丁本・乱丁本はお取り替えいたします。

ISBN978-4-333-02825-2 C0215